经管文库·管理类
前沿·学术·经典

家长式领导对下属工作
—家庭冲突的影响研究

RESEARCH ON THE EFFECT OF
PATERNALISTIC LEADERSHIP ON THE
SUBORDINATE WORK-FAMILY CONFLICT

姚 蕾 著

经济管理出版社
ECONOMY & MANAGEMENT PUBLISHING HOUSE

图书在版编目（CIP）数据

家长式领导对下属工作-家庭冲突的影响研究/姚蕾著 .—北京：经济管理出版社，
2023.12

ISBN 978-7-5096-9570-8

Ⅰ.①家… Ⅱ.①姚… Ⅲ.①企业领导学—研究 Ⅳ.①F272.91

中国国家版本馆 CIP 数据核字（2024）第 025105 号

组稿编辑：赵天宇
责任编辑：赵天宇
责任印制：张莉琼
责任校对：陈 颖

出版发行：经济管理出版社
　　　　　（北京市海淀区北蜂窝 8 号中雅大厦 A 座 11 层　100038）
网　　址：www. E-mp. com. cn
电　　话：（010）51915602
印　　刷：唐山玺诚印务有限公司
经　　销：新华书店
开　　本：720mm×1000mm/16
印　　张：12
字　　数：183 千字
版　　次：2024 年 5 月第 1 版　　2024 年 5 月第 1 次印刷
书　　号：ISBN 978-7-5096-9570-8
定　　价：88.00 元

目　录

第一章　导论

　　家长式领导根植于中国传统文化，是当代中国企业盛行的领导行为之一（曾楚宏等，2009）。研究家长式领导行为能够有效地指导中国企业的管理实践。当前学者对家长式领导的研究聚焦于员工工作态度和工作绩效（Chen et al.，2014），但较为缺乏对员工家庭领域影响作用的研究。工作与家庭是两个紧密相关的领域，在双职工家庭占大多数的当今社会，企业中的员工不可避免地经历工作-家庭冲突（李海等，2017）。员工工作-家庭冲突不仅关系到员工福祉，而且与企业的可持续发展紧密相关。本章基于研究背景，提出了期望解决的研究问题，并阐述了研究意义以及解决研究问题的研究方法和研究步骤，呈现了本书研究的主要内容。

第一节 研究背景及意义

一、研究背景

19 世纪 70 年代开始,西方学者就关注到了工作影响家庭的现象,并进行了大量的研究 (Michel et al.,2011),然而,中国情境下工作-家庭冲突仍然是一个新兴的、尚未被充分研究的领域 (林忠等,2013)。考虑到中国与西方社会文化存在较大差异,中国员工面临的工作-家庭冲突问题可能更为严重 (刘云香和朱亚鹏,2013)。例如,郭昫澄等 (2017) 发现,在个体主义文化影响下,员工将工作和家庭视为两个平等且独立的领域;而在集体主义文化影响下,员工会将工作放在比家庭更为优先的地位。这意味着受集体主义文化影响,我国员工可能最先满足工作需要,其次才是满足家庭需要。此外,我国社会大部分家庭需要夫妻双方努力工作,这使大部分家庭都面临工作-家庭冲突的问题 (林忠等,2013)。

员工工作-家庭冲突对个体、家庭及其所在的组织均产生显著的负向影响。例如,在个体层面上,工作-家庭冲突会增加员工工作压力,引发员工沮丧等消极情绪,甚至危害员工身心健康 (Allen et al.,2000)。在家庭层面上,工作-家庭冲突对员工的家庭满意度、婚姻满意度和生活满意度等家庭领域变量有显著的负向预测作用 (张勉等,2011)。在组织层面上,工作-家庭冲突对员工工作倦怠、缺勤和离职意向有显著的正向影响,对员工的工作满意度、组织承诺和工作绩效有显著的负向影响 (Allen et al.,2000;陈忠卫和田素芹,2012)。考虑到工作-家庭冲突一系列消极影响,本书探索有效降低员工工作-家庭冲突的方法。

Michel 等（2011）对 1987~2008 年工作-家庭冲突的研究进行了元分析，他们发现，工作领域变量是导致员工工作-家庭冲突的主要因素，前十个影响员工工作-家庭冲突的工作领域变量分别为：工作角色超载、工作角色冲突、工作时间要求、工作角色模糊性、组织支持、同事支持、主管支持、工作卷入（job involvement）、工作中心性和工作自主性。从对上述因素的梳理可以发现，这些因素基本上与领导对下属的管理行为有关。例如，领导为下属澄清工作角色和目标，会降低下属工作角色的模糊性；领导向下属提供工作信息和工作支持，能减少下属工作负荷，降低下属角色超载；领导化解人际冲突，营造团队合作氛围，会使下属获得更多的组织支持和同事支持；领导向下属授权，能使下属获得更多的工作自主性（Sosik and Godshalk，2000）。那么，这是否预示着改变领导行为会有效降低下属工作-家庭冲突？在理论上，领导行为理论与情境领导理论都假设，领导行为可以通过学习发生改变，这不仅为发展领导力提供了指导，也意味着能够通过改变领导行为，降低下属工作-家庭冲突。实证研究结果也显示，领导行为与下属工作-家庭冲突有关。特别地，领导行为会使下属产生压力，进而引发下属工作-家庭冲突。例如，鞠蕾（2016）的研究显示，辱虐领导（abusive leadership）会增加下属心理困扰和工作-家庭冲突。同样，领导行为还会增加下属资源，降低下属工作-家庭冲突。例如，Hammond 等（2015）对美国 37 家酒店经理的研究显示，变革型领导通过增加下属资源，降低下属工作-家庭冲突。Tang 等（2016）通过对华北地区一家银行的调查也发现，服务型领导会减少下属工作-家庭冲突。此外，Braun 和 Nieberle（2017）在德国情境下的研究显示，真我领导（authentic leadership）会减少下属工作-家庭冲突。由此可见，改变领导行为可能是降低下属工作-家庭冲突比较有效的方式（Perry et al.，2010）。

20 世纪 90 年代，亚洲地区经济迅速发展，引起了西方管理学者的关注，他们开始研究这些地区企业的领导行为。最初，哈佛大学博士研究生 Silin 通过对中国台湾私营企业的研究，发现该企业中的管理者行为与西方企业中行之有效的领导行为存在较大差异（樊景立和郑伯埙，2000）。随后，雷丁（2009）进一步对东南亚地区的华人家族企业展开研究，他也发现了类似的领导行为，如不愿授权、严格控制下属行为、关心下属的家庭生活等。显然，这些领导行为与西方企业盛行的领导行为大相径庭。Farh 和 Cheng（2000）基于以往的研究，提出了家长式领导的三元理论，将家长式领导定义为："显现出严明的纪律与威权、父亲般的仁慈及道德廉洁性的领导方式"。郑伯埙（2004）认为，作为一种本土领导行为，家长式领导受到中国儒家文化和法家文化的双重影响，遵循尊卑法则（尊尊法则）和亲亲法则。在此之后，越来越多的学者通过实证研究表明，家长式领导行为广泛存在于各种类型的组织中，主要涉及政府机关、教育机构、军队、公共服务机构、家族企业等（Chen et al.，2014；周浩和龙立荣，2005）。在一项针对家长式领导影响员工心理过程的研究中，Cheng 等（2004）发现，相比西方传统领导行为，如变革型领导，家长式领导对下属的心理和行为反应存在独特的影响。基于此，本书探索家长式领导对下属工作-家庭冲突的影响。

已有研究对家长式领导发挥作用机制的探索主要来自认知视角，研究下属的组织自尊、创造性角色认同、人际公正认知、主管信任和工作自主性等认知变量（Chan et al.，2013；Chen et al.，2014；Wang and Cheng，2010；Zhang et al.，2015）在家长式领导和下属工作态度与行为之间的中介作用。此外，已有研究也在探索情感路径，如情感信任作为家长式领导影响下属绩效和组织公民行为的中介机制（Chen et al.，2014）。然而，同时考察认知和情感路径，探索家长式领导发生机制的研究尚未发现，而同时考察认知和情感路径能够全面揭示家长式领导对员工家庭生活的影响，加深对家长式领导作用机制的理解。基于此，本书探索家长式领导影响下属工作-家庭冲突的认知和情感路径。

二、研究意义

现阶段，大部分中国家庭面临工作-家庭冲突问题，工作-家庭冲突影响个体身心健康，也对配偶的幸福和满意度产生消极作用，还会影响组织绩效，因而工作-家庭冲突日益得到理论界和学术界的重视。作为中国企业中普遍存在的领导行为，家长式领导行为是员工工作的重要情境变量。领导在与下属进行日常互动时，不仅影响下属对工作特征的认知，也会影响下属情绪反应，本书探索家长式领导对下属工作-家庭冲突的作用，以及影响两者关系的中介机制，特别地，本书从下属视角，探索工作控制和情绪压制在其中的中介作用。

（一）理论意义

学术界和实践界呼吁开展中国本土管理研究，以有效地指导中国企业管理实践（张佳良和刘军，2018）。管理研究本土化的一种有效做法是采取本土相关元素作为理论构建因素（徐淑英和张志学，2011）。家长式领导作为本土领导力概念，根植于中国传统文化，广泛存在于中国组织（Chen et al.，2014）。本书期望探索家长式领导行为，以更好地服务中国本土企业。

首先，通过梳理已有文献，发现对家长式领导行为的研究聚焦于工作态度和工作行为，如离职意向、工作疏离感、组织承诺、工作满意度、建言行为、创造力、组织公民行为和下属绩效等方面（Chen et al.，2014；Chou，2012；Erben and Güneşer，2008；Pellegrini and Scandura，2006；Pellegrini and Scandura，2008；Soylu，2011；Wang and Cheng，2010；Zhang et al.，2015；耿紫珍等，2021；吴敏等，2007a），较少关注家长式领导对下属家庭领域的影响（Pellegrini and Scandura，2008）。然而，工作领域和家庭领域都是下属活动的主要场所，两者很难不互相影响。例如，员工在工作领域产生的压力会溢出到他们的家庭领域，影响家庭角色的实现，即工作-家庭冲突（Greenhaus and

Beutell, 1985)。工作-家庭冲突对员工的身心健康、员工的家庭幸福和员工所在组织绩效均存在消极作用。家长式领导作为向员工提供工作和家庭整体关怀的领导行为，其是否会影响下属的工作-家庭冲突呢？影响的机制又是什么？家长式领导的三种领导行为对下属工作-家庭冲突的影响作用是否相同？其中的影响机制是否一致？针对这些问题，现有研究尚未回答。特别是，家长式领导中的仁慈领导行为和德行领导行为在工作领域被证明是一种有效的领导行为，但是否能有效缓解下属的工作-家庭冲突尚需要进行探索。本书试图研究家长式领导与下属工作-家庭冲突的关系，期望扩展家长式领导行为的研究领域（工作领域→家庭领域），丰富家长式领导的已有研究。

其次，本书同时考察了家长式领导影响下属工作-家庭冲突的认知和情感路径。特别地，本书试图从下属视角，分析家长式领导对下属工作-家庭冲突的影响机制，揭示出家长式领导行为对下属工作控制（认知路径）和情绪压制（情绪路径）的作用，或许这也是家长式领导增加下属工作压力的原因。而承受高压力的员工更容易将工作中产生的压力转移到家庭成员身上，从而导致工作领域的压力传递到家庭领域，即工作-家庭冲突。具体而言，本书探索威权领导、仁慈领导和德行领导是否会影响下属对工作控制的认知，是否也会使下属情绪压制？下属的工作控制和情绪压制是否会影响下属的工作-家庭冲突？工作控制和情绪压制是否在威权领导、仁慈领导和德行领导与下属工作-家庭冲突之间起中介作用？

最后，本书考察家长式领导（恩威并施，以德服人）中威权领导、仁慈领导和德行领导的交互作用对下属工作-家庭冲突的影响，以及工作控制和情绪压制机制在其中的作用，进一步拓展家长式领导研究的深度。具体而言，本书探索家长式领导中的威权领导、仁慈领导和德行领导这三种领导行为之间的交互项是否会影响下属的工作-家庭冲突？如果这三种领导行为之间的交互项影响下属的工作-家庭冲突，那么影响的机制是什么？威权领导、仁慈领导和德行领导之间的交互项是否也会影响下属对工作控制的认知，是否也会使下属压制情绪？下属的工作控制和情绪压制在这三种领导行为交互项与下属工作-家庭冲突之间是否起中介作用？

（二）实践意义

首先，不同的领导行为会塑造下属不同的工作体验，由此形成的工作压力可能会溢出到家庭领域，造成下属工作-家庭冲突。本书揭示威权领导、仁慈领导和德行领导对下属工作-家庭冲突的作用，研究结果有助于帮助领导察觉下属的心理反应，进而改变领导行为，降低下属工作-家庭冲突，为下属带来福祉，并促进组织健康和可持续发展。

其次，本书通过揭示家长式领导与下属工作-家庭冲突之间关系的作用机制，向企业实践领域提供家长式领导影响下属工作-家庭冲突具体的影响路径，期望在实际工作中尽可能地减少下属的工作-家庭冲突。例如，威权领导有意识地在下属面前缩小与下属之间的地位差距，认可员工的工作表现和贡献，不要求下属无条件服从自己的命令，向下属提供个性化的关怀与帮助，引导下属释放情绪，或者鼓励下属按照自己的方式自主工作，增加下属的工作控制，以降低他们的工作-家庭冲突。

最后，通过研究威权领导、仁慈领导和德行领导的交互项对下属工作-家庭冲突的缓解作用，期望发现降低下属工作-家庭冲突的有效领导行为。以往研究发现，恩威并施的领导行为是有效的领导行为，会促进下属认同、顺从和感激（Cheng et al.，2004）。但恩威并施的领导行为是否会降低下属工作-家庭冲突？除了恩威并施的领导行为，威权领导和德行领导以及仁慈领导和德行领导对下属工作-家庭冲突的交互作用？本书尝试回答上述问题，期望有效帮助企业领导者正确和全面理解其领导行为对下属工作-家庭冲突的影响，提升管理水平，更好地服务于本土企业实践。

第二节　关键概念界定

本书研究在中国情境下，家长式领导通过工作控制和情绪压制，影响下属工作-家庭冲突。研究中涉及家长式领导、工作控制、情绪压制和工作-家庭冲突这四个研究变量，本书将对这些研究变量的概念和维度进行回顾与阐述。

一、家长式领导

家长式领导是中国企业盛行的领导行为。在行为表现上，它与西方企业中的领导行为存在较大差异（曾楚宏等，2009）。郑伯埙等（2000）在 Silin 和 Redding 等研究的基础上，提出了家长式领导（paternalistic leadership）理论，即"在人治的氛围下体现严明的纪律与权威、父亲般的仁慈以及道德廉洁性的领导方式"。早期的家长式领导理论是二元理论，只包括威权领导和仁慈领导，后又加入德行领导维度，构成了家长式领导三元理论（曾楚宏等，2009）。郑伯埙等（2000）依据家长式领导的概念内涵，开发出相应量表。本书采用该量表测量家长式领导行为。

二、工作控制

工作控制是工作要求-控制模型（job demand-control model，JD-C 模型）中的一个重要的研究变量。工作控制是指个体对工作任务和工作行为的自主控制（Karasek，1979）。工作控制采用工作自主性（job autonomy）量表或者工作决策（job decision）量表进行测量（Spector，1986）。工作自主性量表的测量范围广于工作决策量表，它不仅包括工作行为，还包括工作行为结果的潜在控制。本书探索个体对自己能够改变工作计划、工作方式、工作行为，以及工作行为结果能力这些方面的个体认知，故本书采用工作自主性量表（Parker and Axtell，2001）。

三、情绪压制

情绪压制（emotional suppression）是指当情绪唤起时，个体有意识地抑制自己情绪表达的行为（Gross and Levenson，1993），即个体通过压制自己内心的情绪反应，隐藏自己的情绪（Gross，2002）。压制的情绪既包括消极情绪，也包括积极情绪。现有的研究对情绪压制的测量主要采用 Gross 和 John（2003）开发的量表。

四、工作-家庭冲突

工作-家庭冲突（work-family conflict）是指员工为了完成工作角色而无法兼顾家庭角色，由此导致的一种角色间的冲突（Greenhaus and Beutell，1985）。工作-家庭冲突是员工工作领域的压力对家庭领域的溢出（Bakker et al.，2008）。本书采用 Netemeyer 等（1996）编制的量表测量工作-家庭冲突。

第三节　研究方法与研究步骤

本节在前文提出研究背景、研究意义和关键概念界定的基础上，阐述所采用的研究方法，以及研究的流程和技术路线图。

一、研究方法

本书采用文献综述法、问卷调查法以及统计分析法等研究方法，探索在组织情境下，家长式领导、工作控制、情绪压制和工作-家庭冲突的关系。

（一）文献综述法

本书收集 CNKI、维普、万方等中文数据库，以及 EBSCO、ProQuest、JS-TOR、Web of Science、SAGE 和 Emerald 这六个西文数据库中关于家长式领导、工作控制、情绪压制以及工作-家庭冲突等方面的文献，发现有关文献资料比较丰富，这为后续梳理、分析这些研究文献，建构研究的理论模型以及提出研究假设奠定了基础，也为测量变量、分析变量之间的关系，以及讨论研究结果提供了研究依据。

（二）问卷调查法

为回答研究问题，本书基于文献分析，确定了研究模型中涉及研究变量的测量量表，并按照 Brislin（1986）的回译技术翻译量表。研究者在受访企业中宣讲调研目的和填写要求，统一发放和回收调查问卷，并加以整理和录入，为下一阶段的数据分析做基础。

（三）统计分析法

本书采用统计软件 SPSS22.0 和 Mplus7，运用统计方法进行数据分析，具体包括：量表的信度与效度分析、独立样本 T 检验、方差分析、描述性统计分析、相关性分析、同源偏差检验和多重共线性检验等方法，最后运用结构方程模型方法对研究假设进行检验。

二、研究思路与步骤

本书的流程和技术路线如图 1-1 所示，研究共分为四个步骤。首先，在文献回顾和对企业调研的基础上确定研究目的和研究问题，形成初步的理论模

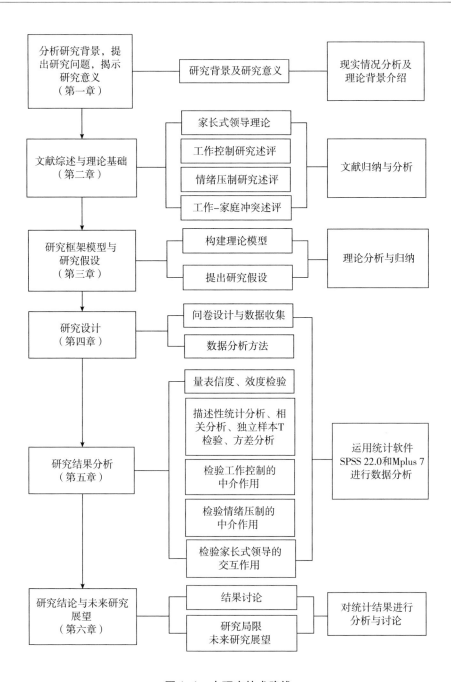

图1-1　本研究技术路线

型。其次，基于研究目的和研究问题，进行研究设计，包括确定研究方法、选择研究量表、确定调查问卷、寻找调研企业、安排具体调研事宜等内容。再次，研究者进入企业内部，按照调研要求，开展研究工作，将统一收集的调查问卷，进行整理、录入和核查。最后，整理和分析研究文献，运用统计软件处理研究数据，检验假设，得出研究结论，回答研究问题。

第四节　主要内容

根据实证研究的研究范式，本书首先在导论部分，阐述研究背景、分析研究问题的理论和现实意义，并界定关键概念、介绍研究方法、研究思路和步骤，以及主要研究内容。其次，通过对家长式领导、工作控制、情绪压制和工作-家庭冲突的有关理论以及实证研究进行全面回顾和评述，分析威权领导、仁慈领导和德行领导与下属工作控制、情绪压制和工作-家庭冲突的关系，构建研究理论模型，推导出研究假设。再次，根据研究理论模型和研究假设，对研究设计、问卷设计、数据收集、样本描述等方面内容进行阐述，并运用统计软件对研究数据进行分析，报告信度、效度、独立样本 T 检验、方差分析、描述性统计、相关性分析和同源偏差检验等统计结果，并构建结构方程模型检验假设。最后，汇总研究结果并进行讨论，并在此基础上阐述了研究的创新之处和对企业实践的管理启示，同时指出研究可能存在的不足之处，并对未来的研究进行展望，期望为后续研究提供启发。

第二章　理论发展和实证研究

　　本章首先对家长式领导的文化缘起、理论产生和发展、测量量表和国内外相关实证研究进行了回顾与评述。其次，对中介变量——工作控制和情绪压制的概念内涵、测量量表以及实证研究进行了回顾和评述。最后，对工作-家庭冲突的概念内涵、测量量表、相关实证研究以及工作-家庭冲突理论进行了回顾和评述。本书旨在通过对相关研究的理论基础和实证研究的系统性梳理，为后续研究奠定基础。

第一节　家长式领导的理论发展和实证研究

　　家长式领导理论的形成、发展和成熟离不开其所在的社会文化背景。本节首先阐述了家长式领导产生的法家文化和儒家文化背景，揭示出家长式领导有别于西方领导理论的特征。其次介绍家长式领导理论的发展路径，从霍夫斯泰德（Hofstede）的国家文化价值观，到樊景立和郑伯埙的家长式领导三元理论，大致描绘了家长式领导理论的发展脉络。最后阐述国内外家长式领导理论的实证研究，具体包括对家长式领导的测量工具、家长式领导与其他七种西方盛行领导行为的比较、影响家长式领导的因素、家长式领导的影响结果、中介变量和调节变量。本书通过对以上内容的系统性梳理和回顾，期望较为全面地揭示家长式领导的发展脉络和研究现状。

一、家长式领导的文化缘起

由于中国台湾、中国香港和新加坡等地华人企业的业绩良好，以及中国经济的高速发展，引起了中外学者的研究兴趣，并对这些企业进行了研究。研究结果发现，除政府角色、市场机制等宏观因素外，领导效能被认为是海外华人企业和大陆企业取得商业成功的关键原因（郑伯埙等，2000）。在海外华人企业和中国企业中盛行的领导行为是家长式领导。家长式领导行为表现有别于西方领导行为，是深受中国传统文化影响的领导行为（曾楚宏等，2009）。

（一）威权领导

家长式领导源于儒家思想和法家思想（吴敏等，2007a）。秦始皇以法家思想统一中国，法家思想主张"君尊臣卑"，强调运用权力和各种控制手段驾驭臣下，满足统治者的统治需求和权力欲望。而儒家思想的治国理念是道德教化，强调个人修养，主张"民贵君轻"（孟子）和"从道不从君"（荀子）。儒家和法家治国思想相差甚远（周婉茹等，2014）。儒家思想的治国理念，不被当时的统治阶层所重视，在秦朝时期还发生了焚书坑儒事件。西汉时期，为了获得统治阶层支持，一些儒家学者吸取了法家思想，将儒家思想中君臣之间的相互性关系加以弱化，代之以强调上位者的权力与权利，以及下位者的义务与责任，这一转化即"儒家的法家化"（周婉茹等，2014）。此外，儒家推崇五种重要的人伦关系（父子、兄弟、夫妇、长幼、君臣）为上位者的权力和权利以及下位者的义务和责任提供了合法性和正当性：上位者（君、父、夫、兄、长）和下位者（臣、子、妻、弟、幼）之间的权力并不对等，并且上位者通过身份和职权对下位者发挥影响力，下位者则对上位者履行服从义务和责任（高昂等，2014）。也就是说，上位者身份或者职权越高，下位者越要听从和服从上位者，此即传统文化中的权威精神（周婉茹等，2014），也是威权领导的文化根源。

（二）仁慈领导

"仁"体现出儒家思想中人与人之间的关系，在儒家思想体系中占有举足轻重的地位（张瑞平等，2013）。有关"仁"的表述频繁出现在儒家经典典籍中，如《论语》《中庸》《大学》《礼记》等。儒家思想代表人物孔子和孟子多次提到"仁"，认为"仁者，人也""仁者，爱人"。君子之所以与其他人不同，在于"君子以仁存心，以礼存心"（《孟子·离娄下》）。儒家学者坚信"人性本善"，人人都有"恻隐之心""恻隐之心"就是"仁"（《孟子·告子上》）（张瑞平等，2013）。儒家思想强调五种重要的人伦关系（"父慈子孝，兄良弟悌，夫义妇听，长惠幼顺，君仁臣忠"），是"仁"的思想在具体人际关系中的理想体现，也是仁慈领导的文化根源（张瑞平等，2013）。"人性本善"的利他动机是仁慈领导的基础。在权利和义务不对等的上下级关系中，当上位者给予下位者关心和照顾时，下位者会对上位者心存感激，并产生亏欠之情，进而寻找机会报答上位者。当这种上位者与下位者关系延伸到企业中，表现为领导对员工的照顾和维护，员工对领导的感恩和报恩（高昂等，2014）。

（三）德行领导

儒家思想非常看重个人品德，将品德视为社会稳定和发展的基石。孔子在《论语》中多次强调君王的道德示范作用，阐述治理国家要让人民心悦诚服，需要以德服人，感化人民，而不应该依靠法律和刑罚（王安智，2014）。例如，在《为政》篇中，孔子提到："为政以德，譬如北辰，居其所而众星共之"。

在中国封建社会，上位者道德品质的重要作用体现在两个方面：一方面，君王和官吏对民众的道德示范作用有助于维持社会的稳定和发展；另一方面，上位者和下位者之间权利和义务关系的不对等，在缺少保护下位者权利的制度下，下位者难免不会成为上位者滥用权力的牺牲品。君王和官员的道德品质作为一种社会规范，能够弥补制度的缺位，保障下位者的权利（高昂等，2014）。在现代企业中，人们一方面期望自己的直接主管具备较高的道德品质，另一方面也会认同和效仿领导者的道德行为。

樊景立和郑伯埙（2000）运用冰山模型阐释了家长式领导中三种领导行为及其对应的中国传统文化思想，揭示出威权领导背后的文化根源为法家思想，而仁慈领导和德行领导则源于儒家思想，具体内容如图2-1所示。

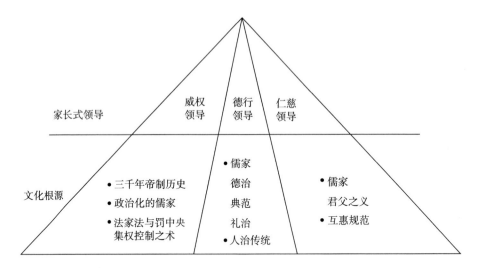

图2-1　家长式领导的文化根源

资料来源：樊景立和郑伯埙（2000）。

二、家长式领导的理论发展

领导行为具有文化嵌套性。当代西方领导理论，如变革型领导、愿景型领导、交易型领导等理论，其背后均体现为一种个人主义和自由平等的社会文化。而对家长式领导而言，最重要的则是维护父权身份（吕力，2016），实践尊卑法则（郑伯埙，2004）。中国社会中上下级之间尊卑有别的不对等权力关系已成为社会文化的一部分，这与欧美国家文化存在极大差异（周婉茹等，2014）。如果过于关注西方领导理论，会遗漏中国社会重要和独特的领导行为（郑伯埙，2004）。因而中外学者对华人企业中存在的这种具有文化特色的领导行为也展开了深入的研究。下文大致描绘了家长式领导理论的发展脉络（见表2-1）。

表2-1　家长式领导研究发展

项目	Hofstede（1980）	Silin（1976）	Redding（1990）	Westwood（1997）	郑伯埙（2000）
领域	人类学	社会学	社会学	社会学	心理学
研究方式	问卷调查	访谈	访谈	文献研究	访谈，问卷调查
研究对象	美国 IBM 公司员工	中国台湾大型民营企业	中国香港、中国台湾、菲律宾等华人民营企业	东南亚华人家族企业	中国台湾企业与学校
文化渊源	—	儒家	儒家、道家	儒家	儒家、法家
强调价值	权力距离、个人主义-集体主义等五维度文化价值观	家长权威	家长权威	秩序与顺从，和谐	家长权威
研究焦点	跨文化比较	领导者的经营理念与领导作风	文化价值与家族企业领导的关系，并建构概念框架	文化价值对家族企业领导人的影响	发展家长式领导测量量表，建构家长式领导三元理论

资料来源：根据郑伯埙和黄敏萍（2000）等文献整理。

（一）霍夫斯泰德（Hofstede）的研究

霍夫斯泰德在20世纪70年代调查了全球50多个国家的文化价值观，调查对象是大型跨国公司IBM在全球分公司中的员工，在此调查基础上，霍夫斯泰德提出了文化价值观五维度模型。霍夫斯泰德发现，华人地区（包括中国大陆、中国香港、中国台湾，以及新加坡）在国家文化价值观上比较相似，而与欧美国家（如美国、英国、加拿大、澳大利亚、芬兰、瑞士等）存在较大差异。这种差异在权力距离（高和低）和集体主义-个人主义这两个文化价值观维度上表现得尤为明显。华人地区属于高权力距离文化和集体主义文化，而欧美国家则是典型的低权力距离和个体主义文化。因而，霍夫斯泰德（2010）认为，这种文化价值观的差异会影响组织中的文化与领导行为。

（二）西林（Silin）的研究

20世纪70年代，哈佛大学西林博士开始关注中国台湾企业内部的领导行为，他通过访谈中国台湾一家大型民营企业的企业家、管理者和员工，发现了一种不同于西方的领导行为，该领导行为以教诲行为、专权作风、维持威严形象、严密控制和道德标杆五个方面为特征。在领导与下属互动的过程中，下属必须完全服从和依赖领导，不能公开提出与领导不同的意见，对领导表示尊敬的方式是要对领导表现出畏惧的行为（郑伯埙和黄敏萍，2000）。西林的开创式研究引起了其他学者的关注，也为之后家长式领导的研究指出了方向。但西林的研究存在以下三点不足：第一，尽管西林已经概括出具体的领导行为，但他并未明确提出"家长式领导"这一概念；第二，尽管西林质疑这种领导行为的效能，但他尚未提供这种领导行为影响员工行为表现的量化研究证据；第三，由于西林只是对一家中国台湾企业进行了案例研究，还不清楚这种领导行为是否在华人企业中具有普遍性。

（三）雷丁（Redding）的研究

雷丁在西林研究的基础上，历时多年对华人企业进行了更广泛和更深入的研究。相比西林的研究，雷丁的研究在以下三个方面有所推进：第一，雷丁的研究涉及中国香港、中国台湾、新加坡、菲律宾和印度尼西亚多地多家华人企业，访谈了72名高层管理者，研究结果能够表明家长式领导是普遍存在华人企业中的领导行为。第二，雷丁发现与西林描述相类似的领导行为，如控制下属、专权领导、行为楷模和要求下属顺从。他的研究还归纳出仁慈领导行为，如"像父亲一样照顾或者体谅下属"，会"修正自身的专断观点"等（雷丁，2009）。而西林在研究中没有对仁慈领导行为进行描述。第三，雷丁的研究显示，这些华人企业的领导不止表现出一种领导行为，如只表现出仁慈领导行为或者只表现出专权领导行为，而是会表现出恩威并施的领导行为。此外，雷丁的研究还发现，华人企业的领导也会表现出偏私行为，对表现出忠诚的下属提供高支持，对其他下属则提供较低的支持。尽管雷丁提出了更为精致地描述华人企业领导的概念框架（郑伯埙和黄敏萍，2000），但关于华人企业领导行为的效能，西林的研究仍旧没有给出明确的研究结果，他只是从俯瞰的视角归纳出这种领导行为的整体效能，如这种领导行为优势表现在经营方针具有弹性，下属努力工作，顺从企业家的要求，劣势表现在部门之间合作不畅，裙带关系严重，企业发展规模有限，创新性不高，以及企业制度权威不足等。

（四）韦斯特伍德（Westwood）的研究

在西林的研究之后，韦斯特伍德通过观察东南亚地区华人企业中的领导行为，提出了家长式首脑（paternalistic headship）的概念。家长式首脑行为也表现出西林和雷丁研究中类似的领导行为。例如，领导者刻意保持与下属的距离，不明言自己的意图，努力建立自己的威信，要求下属绝对服从，采用权术控制下属，领导还会依据自己的喜好或者与下属的亲疏关系，特别照顾某些下属。除此之外，韦斯特伍德还认为组织内的领导会比较重视维护人际和谐，领导的职责包括化解或者预防人际冲突，以回应华人企业重视社会和谐的文化价值观。例如，家长式首脑的领导行为会要求下属回避冲突，维持和谐（Westwood，1997）。

（五）樊景立和郑伯埙等的研究

1. 从二元理论到三元理论

在20世纪80年代末，中国台湾学者郑伯埙采用个案研究的方法研究中国台湾家族企业中的领导行为。经过深入观察和访谈后，他发现这些领导行为与西林、雷丁和韦斯特伍德提到的华人企业中的领导行为很相似，他将这种领导行为称为家长式领导。最初，郑伯埙等提出的家长式领导概念框架并未包含德行领导，只包括"立威"与"施恩"两个维度。他们认为，德行是领导者的一种必然品质，因而并不需要将其单独提炼，不需要将其作为家长式领导的一个独立维度（郑伯埙等，2000）。

然而，领导者道德品质对领导有效性的发挥非常重要。综观家长式领导理论的发展历程可以发现，早在西林的研究中，就已提到企业中的领导是员工的道德榜样，应该表现出不徇私和顾全大局的行为（郑伯埙和黄敏萍，2000）。雷丁的研究也指出，领导在员工心目中不仅是行为榜样，还是良师（雷丁，2009）。韦斯特伍德的研究也显示，华人领导需要合乎道德规范、以身作则、考虑众人利益，以及对员工形成道德示范（Westwood，1997）。我国学者在20世纪80年代调查中国人内隐领导的心理结构，发现中国人理想的领导形象中，个人品德占据最重要的位置，是员工评价领导考虑的首要因素。

随着对华人企业领导行为认识的不断深入，樊景立和郑伯埙（2000）在"恩威并施"二元理论的基础上，又加入了德行领导维度，最终形成了成熟的家长式领导三元理论，改变后的家长式领导概念内涵更为丰富（曾楚宏等，2009）。三元理论中的威权领导维度与二元理论中的"立威"维度相对应，仁慈领导维度与"施恩"维度相对应。郑伯埙等（2000）的研究是建立在前人学者探索的基础上，对家长式领导的概念内涵进行了更精致的阐释与归纳，并开发出相应的研究量表，揭示了家长式领导与员工心理互动的关系，进一步推动了家长式领导理论和实证研究的发展。

2. 家长式领导三元理论内涵

郑伯埙等（2000）将家长式领导定义为体现严明的纪律与权威、父亲般的仁慈以及道德廉洁性的领导方式。以下先分别介绍家长式领导的三个概念维度内涵，然后介绍家长式领导中三个维度之间的关系。

（1）威权领导的概念内涵。

威权领导（authoritarian leadership）既是家长式领导的研究起点，又是家长式领导三个维度中最具特色的一个维度（周婉茹等，2014）。作为一种"立威"行为，威权领导显示出领导与下属之间特有的"上尊下卑"的关系，与西方领导理论中重视领导者与追随者（下属）之间平等互动的积极关系存在明显的差异。典型的威权领导行为包括"专权作风""贬抑下属能力""教诲行为"和"形象整饬"（樊景立和郑伯埙，2000）。其中，"专权作风"表现为领导不愿向下属授权，不愿与下属沟通，严密控制下属等行为；"贬抑下属能力"的行为是指威权领导漠视来自下属的建议，贬低下属的贡献；"教诲行为"是指要求下属表现高绩效，斥责下属低绩效，并对下属行为提供指导；"形象整饬"行为是指领导注重仪表，在下属面前维护尊严和表现信心（樊景立和郑伯埙，2000）。在与下属互动过程中，威权领导期望下属表现出"顺从行为""服从行为""羞愧行为"和"敬畏行为"，即下属在与威权领导互动时，要表现出敬畏，无条件地遵从领导决定，回避与领导的矛盾，维持与领导的和谐关系。而且，下属要勇于认错、洗耳恭听领导的教训，改正自身行为（樊景立和郑伯埙，2000）。

（2）仁慈领导的概念内涵。

仁慈领导（benevolent leadership）是家长式领导的另一个重要维度。仁慈领导作为一种"施恩"行为，对下属表现出"个别照顾"和"维护面子"的行为（郑伯埙等，2000）。其中，"个别照顾"是指仁慈领导将下属视为家人，保障下属的工作，在下属需要帮助的时候提供帮助。仁慈领导不仅关心下属工作（如在下属工作中给予鼓励和辅导），而且会关心下属的家庭生活。仁慈领导"维护下属面子"的行为包括避免羞辱下属，为下属预留余地。研究显示，仁慈领导行为是一种具有建设性、受下属欢迎的领导行为

（Zhang et al. ，2015）。仁慈领导期望下属表现出感恩和图报的行为，即下属要表现出感激领导恩情、牺牲小我、符合领导期望和报答领导的行为（郑伯埙等，2000）。

（3）德行领导的概念内涵。

德行领导（moral leadership）是展现家长式领导有效性的基础（务凯等，2016）。在领导和员工不对等的权利与义务关系中，领导拥有更多的权力，员工承担更多的义务。当组织制度不健全和不完善时，领导的个人操守和道德品质对保障员工的权益就显得尤为重要（高昂等，2014）。德行领导行为根植于儒家文化传统，作为一种"树德"行为，德行领导行为表现在"公私分明"和"以身作则"两个方面（郑伯埙等，2000）。"公私分明"是指德行领导对下属一视同仁，会为公司利益牺牲私人利益。"以身作则"是指领导的言行成为下属学习的榜样。德行领导期望自己的下属表现出"认同"和"效仿"的行为，即下属认同领导的价值观和目标，并以领导行为作为榜样，效仿领导行为（郑伯埙等，2000）。

（4）家长式领导三维度之间的关系。

樊景立和郑伯埙（2000）指出，家长式领导的三种领导行为很难在一个领导身上得到体现，这是因为威权领导同仁慈领导和德行领导行为相互冲突。例如，威权领导行为与仁慈领导行为负相关，仁慈领导行为和德行领导行为则是正相关关系，而威权领导行为和德行领导行为之间的关系则很难阐释清楚：一方面，德行领导在合法性方面可能会强化领导的权威；另一方面，随着领导日益增加的权威，领导展示德行领导行为的需要则会逐渐降低（樊景立和郑伯埙，2000）。因而，樊景立和郑伯埙（2000）建议学者开展家长式领导研究时，可以按照两种思路展开研究：第一，将家长式领导中的这三种领导行为作为单独的领导行为，分开独立探讨；第二，将家长式领导中的这三种领导行为进行组合，探讨可能存在的不同组合效应。目前，这两种研究思路均已得到学者认可，并开展较多的研究（Chan，2014；Zhang et al.，2015；刘善仕和凌文辁，2004；于海波等，2008；郑伯埙等，2003）（见图2-2、图2-3）。

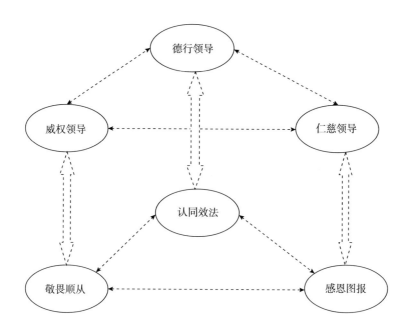

图2-2　家长式领导行为与下属反应

资料来源：樊景立和郑伯埙（2000）。

三、国内家长式领导实证研究

前文阐述了家长式领导的概念内涵和理论发展，在此基础上，本书梳理了家长式领导国内外的实证研究，包括家长式领导的测量量表、家长式领导与其他领导方式比较、家长式领导的影响因素和影响结果等方面。

（一）家长式领导的测量

最初，基于家长式领导二元理论，郑伯埙在质性研究的基础上编制出包含

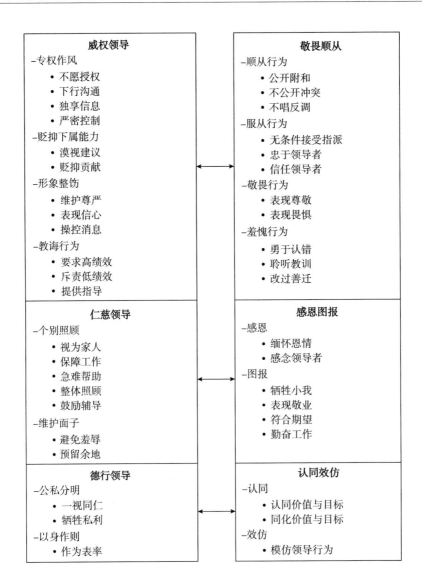

图 2-3 家长式领导行为与下属反应

资料来源：樊景立和郑伯埙（2000）。

"立威"与"施恩"两种领导行为的家长式领导测量量表，该量表首先经过组织行为学专家判断，后进行探索性因子分析去掉载荷较低的题目，最终得到

85 个测量题项。尽管该量表反映了家长式领导的核心概念与重要的领导行为，但该量表仍存在三方面的不足：第一，量表题目众多，很难突出展现重要的本土化领导行为；第二，量表存在区分效度问题，如"施恩"领导维度的某些题项，"楷模"比较接近德行领导行为，应归为德行领导；第三，未包括德行领导行为维度。

为了解决上述三个方面的不足，郑伯埙等（2000）根据家长式领导三元理论模型，重新编制了家长式领导测量量表。他们的具体做法为：第一，去掉不符合家长式领导概念内涵的测量题项。例如，去掉仁慈领导的"意见咨询""平易近人"和"正面奖励"三种"施恩"行为。第二，将不能归类和涵义雷同的题项去掉。第三，参考 Cheng 等（2000）、郑伯埙和庄仲仁（1981），以及凌文辁等（1987）的研究，重新开发德行领导测量量表。依据以上修正过程所得的家长式领导量表共有 42 道题项。其中，威权领导有 16 道题项，仁慈领导有 14 道题项，德行领导有 12 道题项。郑伯埙等（2000）将此量表进行探索性因子分析，去掉因子载荷过低、概念重复的测量题项。例如，威权领导去掉了三道测量题项，分别是："贬抑贡献""喜怒不形于色""展现卓越"。仁慈领导去掉了三道测量题项，分别是："相处时像一家人""尽心尽力照顾我""有急难时，会及时伸出援手"。德行领导也去掉了三道测量题项，分别是："把公司利益置于个人利益之上""任人唯贤""把别人的功劳据为己有"。最终该量表得到 33 道测量题项。此量表在学校和企业样本中检验后，发现具有较高的内部一致性和良好的建构效度，能较好地体现家长式领导的概念内涵。采用该量表的实证研究也日益丰富。例如，吴宗祐等（2002）采用该量表中的威权领导量表研究威权领导和下属工作满意度之间的关系。Cheng 等（2004）将该量表精简至 28 道题项，在此之后，Farh 等（2006）依据中国大陆地区样本进一步将该量表精简至 19 道测量题项。

尽管简化量表便于开展实证研究，但对测量题项的删减，可能存在影响测量题项效度的风险。为了更好地了解这三个版本的家长式领导测量题项的变化，本书对比了家长式领导三个测量量表的题项存在的差异（见表2-2~表2-4）。

表2-2 家长式威权领导行为测量量表

	家长式威权领导行为测量题项		Farh 和 Cheng（2000）	Cheng 等（2004）	Farh 等（2006）
1	他要求我们完全服从他的领导	威服	▲	▲	▲
2	当我当众反对他时，会遭到冷言讽刺		▲		
3	他心目中的模范下属必须对他言听计从		▲		▲
4	他不把讯息透露给我们	隐匿	▲		▲
5	他不让我们察觉他真正的意图		▲		▲
6	本单位大小事情都由他自己独立决定	专权	▲	▲	▲
7	开会时，都照他的意思做最后的决定		▲	▲	▲
8	在我们面前，他表现出威严的样子	严峻	▲	▲	▲
9	与他一起工作时，他带给我很大的压力		▲	▲	▲
10	他采用严格的管理方法		▲	▲	
11	当任务无法达成时，他会斥责我们	教诲	▲	▲	▲
12	他强调我们的表现一定要超过其他单位		▲	▲	
13	他遵照原则办事，触犯时我们会受到严厉的处罚		▲	▲	

表2-3 家长式仁慈领导行为测量量表

	家长式仁慈领导行为测量题项		Farh 和 Cheng（2000）	Cheng 等（2004）	Farch 等（2006）
1	他与我们相处时像一家人一样	个别照顾		▲	
2	他会尽心尽力的照顾我			▲	
3	我有急难时，他会及时伸出援手			▲	
4	他关怀我私人的生活与起居		▲	▲	▲
5	他平时向我嘘寒问暖		▲	▲	▲
6	对相处较久的下属，他会无微不至地照顾		▲	▲	▲
7	他会根据我个人的需要，来满足我的要求		▲	▲	▲
8	他对我的照顾会惠及我的家人		▲	▲	▲
9	他会帮我解决生活上的难题		▲	▲	

续表

	家长式仁慈领导行为测量题项		Farh 和 Cheng（2000）	Cheng 等（2004）	Farch 等（2006）
10	当我碰到难题时，他会及时给我鼓励		▲	▲	▲
11	当我工作表现不佳时，他会去了解真正的原因		▲	▲	
12	当我犯错时，他会给我改过的机会	体谅宽容	▲		
13	他不会当着同仁的面，给我难堪		▲		
14	对于我工作上所缺乏的能力，他会给予适当的教育与辅导		▲		

表 2-4　家长式德行领导行为测量量表

	家长式德行领导行为测量题项		Farh 和 Cheng（2000）	Cheng 等（2004）	Farch 等（2006）
1	得罪他时，他会公报私仇（反向）		▲	▲	
2	他任人唯贤，不嫉才妒能			▲	
3	他会利用职位搞特权（反向）	正直尽责	▲	▲	
4	他不会把我或别人的成果或功劳据为己有			▲	
5	工作出现纰漏时，他会把责任推得一干二净（反向）		▲	▲	
8	他不会占我的小便宜	不占便宜	▲	▲	
9	他不会因个人的利益去拉关系，走后门		▲	▲	
6	他为人正派，不会假公济私		▲	▲	▲
7	他对待我们公正无私	无私典范	▲		▲
10	他是我做人做事的好榜样		▲		▲
11	他能够以身作则		▲		▲

　　与 Farh 和 Cheng（2000）的威权领导行为量表相比，Cheng 等（2004）的测量量表缺少"隐匿"的立威行为，而且在"威服"的立威行为上内容表述得不够充分。Farh 等（2006）的测量量表虽然包含"隐匿"的立威行为，但"威服"和"教诲"的立威行为不够充分，这可能会影响威权领导行为的实证

研究结果。

与 Farh 和 Cheng（2000）的仁慈领导行为测量量表相比，Cheng 等（2004）及 Farh 等（2006）的测量量表在"体谅宽容"维度上的"施恩"行为条目较少。而且，Cheng 等（2004）的测量量表中题项 1 至题项 3 的表述较为概括，内涵并不清晰。这些都可能影响仁慈领导行为与下属认知与情绪的关系。

Farh 和 Cheng（2000）的德行领导行为测量量表在"正直尽责""不占便宜"和"无私典范"三种"树德"行为上均有较好表述。Cheng 等（2004）的测量量表在"树德"行为方面聚焦在"正直尽责"的行为表述上，而在"无私典范"行为上则表述不够充分。Farh 等（2006）的测量量表则缺乏"正直尽责"和"不占便宜"两种重要的"树德"行为。

通过对比家长式领导的三个测量量表，可以发现与 Cheng 等（2004）和 Farh 等（2006）的两个测量量表相比，Farh 和 Cheng（2000）的 33 道测量题项的量表能更全面和准确地涵盖家长式领导的概念内涵，而且被较多实证研究采用。因而，本书选用该量表检验研究假设。

（二）家长式领导与其他领导方式的比较

领导行为是镶嵌在国家文化下的特殊现象，领导的行为假设与行为表现受其所在国的国家文化的影响。中国文化和西方文化对领导权力与义务的假设存在差异。家长式领导受中国传统文化影响，领导拥有更多的权力，而下属承担更多的义务。领导与下属之间的权利和义务具有不对等的关系；而西方领导行为一般表现出领导与下属之间较为平等的权利与义务关系（Cheng et al.，2004）。本书将比较家长式领导与西方领导行为的异同，以深化对家长式领导概念内涵的理解。

1. 与变革型领导的比较

家长式领导与变革型领导的行为表现在某些方面存在一些共性。例如，家长式威权领导强调高绩效，这与变革型领导要求下属超越现有工作要求，追求高绩效比较相似。家长式仁慈领导的概念内涵与变革型领导的个性化关怀维度都表现出关心下属、照顾下属、为下属提供支持的行为（Cheng et al.，2004），而变革型领导还会显示出正直与诚实（Parry and Proctorthomson，2002），这又与家长式德行领导行为接近。

　　然而，家长式领导更多地体现出与变革型领导不同的行为特征。具体表现在以下三点：第一，领导关心下属的领域不同。变革型领导向下属提供的个性化关怀限定在工作领域。在西方文化下，工作与家庭有清晰的界限，下属认为领导对他们私生活的关注是侵犯他们的隐私。而家长式仁慈领导不仅关注下属的工作表现，还关心下属的家庭生活。例如，有些家长式仁慈领导会关心下属的财务状况，并向下属提供资金支持（Chen et al.，2014）。第二，家长式领导与变革型领导会引起下属不同的情感反应。例如，变革型领导会引起下属乐观、兴奋和鼓舞等积极情绪。而家长式领导不仅会引起下属钦佩、尊重、喜欢和感恩等积极情绪，还会引起下属恐惧或愤怒等消极情绪（如家长式威权领导）。值得注意的是，变革型领导引起下属的积极情绪反应不仅指向领导本身，还会指向其所在的组织。而家长式领导通过人际互动引起的下属情绪反应，更可能指向下属的直接领导，而不是其所在的组织。此外，变革型领导更愿意向下属表达强烈的积极情绪。而家长式威权领导不倾向对下属显示真实的情绪反应（Chen et al.，2014）。第三，变革型领导通过与下属沟通愿景，激发下属智能，向下属授权，引领下属从追随者向领导者转变。而家长式威权领导一般不会与下属沟通愿景，并较少向下属授权。在做决策的过程中倾向自己独自决策，并要求下属无条件服从（Chen et al.，2014）。

　　实证研究也显示出，家长式领导与变革型领导存在差异，主要体现在两个方面：第一，相较于家长式领导，变革型领导对组织领域变量的影响更强（李超平等，2007）。研究发现，在控制家长式领导的影响后，变革型领导对下属工作满意度、组织承诺和离职意向的作用依旧具有解释力，而在控制了变革型领导之后,家长式领导对下属工作满意度、组织承诺和离职意向不再显著(吴敏等,2007b)。第二,家长式领导会对员工的心理产生独特和显著的作用。例如,Cheng 等(2004)的研究发现,在控制变革型领导的影响后,家长式领导对下属顺从、感激以及认同的作用依然显著。

2. 与交易型领导的比较

交易型领导是通过让下属明确自身的工作角色、任务和目标,激励下属努力工作,满足下属自身需要的领导行为(Bass,1985)。家长式领导与交易型领导都要求下属有出色的工作表现,但两种领导行为实现高绩效的方式并不相同:家长式威权领导会独享信息,严密控制下属行为,当下属有较差的绩效表现时,会斥责下属。而当下属绩效表现较好时,却很少奖励下属,甚至还会贬抑下属的贡献(郑伯埙等,2000)。交易型领导和下属之间是一种相对平等的交换关系,领导会向下属提供充足的工作信息,帮助下属达成工作目标。在领导过程中更多的是通过奖励而非惩罚的方式鼓励下属努力工作。此外,交易型领导只关注下属工作领域的表现,而家长式仁慈领导不仅关心下属的工作表现,还关心下属的家庭生活。

3. 与包容型领导(inclusive leadership)的比较

包容型领导是一种以下属为中心,在与下属互动过程中,倾听下属观点,关注和满足下属需求,并认可下属贡献,期望激发下属潜能和活力的领导行为(章璐璐等,2016)。尽管中国儒家文化包含"和为贵"和"包容"等理念,但与西方学者提出的包容型领导与本土家长式领导仍存在以下不同之处:第一,包容型领导强调个人主义文化下的"存异",而家长式领导基于集体主义文化影响,更重视"求同"。第二,两种领导行为影响下属的过程不同。家长式领导是以领导为中心,展现领导强有力的权威,属于自上而下的领导方式;而包容型领导是一种关系型领导,更强调领导与下属之间是平等的,并且可以互相影响。第三,家长式领导是一种"人治"色彩较浓的领导行为,倾向将下属按照圈内人和圈外人划分，由此构建的领导与下属之间的关系是不平等的；而包容型领导的管理理念强调为下属提供公平、平等的机会。

4. 与真我领导（authentic leadership）的比较

部分学者将家长式仁慈领导与真我领导行为进行比较研究，发现这两种领导行为有一些相似之处。真我领导是领导结合组织情境，运用自身积极的心理能力帮助下属提高自我认知和自我调节能力，促进下属自我发展的领导行为。真我领导的四个概念维度分别为：关系透明、内化道德、平衡处理和自我意识（Woolley et al.，2011）。真我领导与家长式仁慈领导都会给下属带来积极影响，但这两种领导行为对下属的作用方式存在差异：真我领导深知自己的价值观与信念，在与下属建立高水平的信任关系的过程中，通过自身领导行为的示范作用影响下属；而家长式仁慈领导尽管对下属显示出关怀和照顾，但期望下属表现出"感恩"和"报答"的行为。实证研究发现，相比真我领导，家长式仁慈领导与下属的主管忠诚相关性更高；相比家长式仁慈领导，真我领导对下属组织公民行为的预测作用更强（林家五等，2012）。真我领导的概念产生源于商业丑闻和管理渎职现象日益严重的社会背景，回应了社会对领导道德与伦理的关注，因而领导的道德品质是真我领导的核心。与家长式德行领导相似，真我领导注重领导的正直与诚实，要求领导自律。但真我领导期望通过提高下属的自我认知和自我调节的能力促进下属的自我发展，而德行领导更多的是通过领导自身表现出正直与诚实的行为，影响下属认同和效访。

5. 与服务型领导（servant leadership）的比较

服务型领导又称公仆型领导，家长式仁慈领导和德行领导与服务型领导存在一些相似之处。服务型领导的概念内涵包括七个特征：行事道德（behaving ethically）、理性思维技能（conceptual skills）、将下属放在第一位（putting subordinates first）、情绪疗愈（emotional healing）、授权（empowerment）、帮助下属成长和成功（helping subordinates grow and succeed），以及为社区创造价值

（creating value for the community）。从概念内涵来看，服务型领导与家长式仁慈领导都包含关心、照顾下属的内容。服务型领导中的社会责任和清正廉洁的内容，又与家长式德行领导相似。但这两种领导行为的关注点存在差异：家长式领导偏重组织绩效，以工作为中心，通过威权领导的高绩效工作要求，严格督促下属完成工作任务。而服务型领导注重领导-下属之间的关系，以下属为中心，通过与下属建立高质量的情感关系，提高下属的工作满意度（于海波等，2014）。邓志华等（2012）实证研究发现，相比家长式领导，服务型领导更可能增加下属的工作满意度和组织公民行为，更可能减少下属的工作场所偏离行为。而且，当领导表现出高服务型领导行为，家长式领导行为对下属的工作满意度和工作绩效的正向作用更明显（于海波等，2014）。

6. 与领导-下属交换关系（LMX）的比较

领导与下属交换关系是指领导-下属之间交换关系的质量，包括经济性交换关系和社会性交换关系（Schriesheim et al.，1999）。家长式领导与领导-下属交换均以角色理论为基础（张瑞平等，2013）。但两者在定义角色形成过程中依据的准则不同，家长式领导与下属之间存在较高的权力距离，领导和下属之间并不必然存在交换关系，领导和下属的角色是由中国传统文化决定的。例如威权领导建立在法家文化基础上，期望下属扮演的角色表现出敬畏、顺从、服从和羞愧行为；仁慈领导源于儒家文化传统，期待下属扮演的角色表现出感激、感恩和报答的行为；德行领导也源于儒家文化思想，期待下属扮演的角色能够认同自己的道德行为，并加以模仿。LMX 理论强调领导与下属之间都需要付出努力，共同建立和发展高质量的关系（田在兰和黄培伦，2013）。当领导与下属互动时，双方秉持公平和平等的原则，领导与下属之间可以进行角色协调，领导虽然对下属的角色有所期待，但下属也可以接受、拒绝或者与领导协调这些角色。实证研究一般将 LMX 作为家长式领导与工作领域变量之间关系的中介变量，以探索家长式领导对下属影响的功效。例如，Zhang 等

（2015）以 402 个领导-下属配对数据为样本，发现仁慈领导和德行领导能形成良好的 LMX，从而增加下属的建言行为。Chan 和 Mak（2012）通过 223 个领导-下属配对数据发现，仁慈领导会促进 LMX，进而增加下属的任务绩效和组织公民行为。

7. 与辱虐型领导（abusive leadership）的比较

部分学者将家长式威权领导与辱虐型领导进行比较研究，发现两者在概念内涵上有一些相似的地方。辱虐型领导概念是指下属对领导表现出持续敌意语言和非语言行为（不包括肢体上的接触和冲突）的感知程度（Tepper，2000）。其中，敌意语言和非语言行为一般指言语上的攻击与态度上的轻蔑，这与威权领导对下属的贬抑行为相似。但威权领导与辱虐型领导还存在以下几点不同：第一，威权领导概念内涵更为丰富，除贬抑行为外，还包括独享信息、严密控制下属的专权作风，维护尊严、表现信心的形象整饰行为，以及要求下属高绩效的教诲行为。第二，两者的行为动机存在差异：威权领导是为了满足控制和展示自身权力的心理需要，并没有故意伤害下属的意图，因而并非所有的威权领导都会表现出辱虐行为（周婉茹等，2014）；辱虐型领导是为了满足私人利益或者故意将自己的消极体验向下属传递，而向下属表现出敌意行为。第三，两者所产生的后果并不相同。威权领导不总是为下属带来消极结果。当外部经营环境稳定，或者在行业技术要求不高的企业中，领导威权行为容易获得下属的认可（曾楚宏等，2009）。此外，如果下属权力距离导向较高，威权领导可能还会对下属产生积极结果（郑伯埙等，2000）。而辱虐型领导一般会为组织和下属带来消极后果，如辱虐型领导会降低组织公正，增加下属心理困扰，情绪耗竭和工作-家庭冲突，降低下属工作满意度（Tepper，2007）。此外，还有学者认为，辱虐型领导并不是一种领导行为，而是下属知觉到的领导行为倾向（Zhang et al.，2011），在这个意义上，威权领导与辱虐型领导行为有关。有研究显示，威权领导更倾向采用辱虐行为（Aryee et al.，2007；Kiazad et al., 2010)。

(三) 家长式领导实证研究发现

以下是家长式领导行为研究的系统回顾。通过文献梳理,发现有关家长式领导的研究主要集中在工作场所中员工态度和行为方面,对员工心理、压力状态的研究相对较少 (见表2-5)。

表 2-5　家长式领导实证研究汇总

作者 (时间)	前因变量	结果变量	中介和调节变量	样本描述
郑伯埙 (2000)	家长式领导	组织承诺、上下级信任、对主管满意度、绩效		中国台湾企业主管和员工660份问卷
赵安安和高尚仁 (2005)	威权领导	生理压力反应、工作满意度、心理健康、身体健康	仁慈领导、德行领导	中国台湾企业EM-BA学员216份问卷
Pellegrini 和 Scandura (2006)	领导-下属关系质量	工作满意度	威权领导、仁慈领导	土耳其企业185名员工问卷
吴敏, 黄旭, 徐玖平, 阎洪, 时勘 (2007)	家长式领导、变革型领导、交易型领导	工作满意度、组织承诺、离职意向、绩效、组织公民行为	分配公平、程序公平、互动公平、信任	我国20余家企业,256对领导和下属配对问卷
吴敏, 黄旭, 阎洪, 徐玖平 (2007)	家长式领导、变革型领导、交易型领导	工作满意度、组织承诺、离职意向		我国20余家企业444份员工问卷
陈皓怡, 高尚仁, 吴治富 (2007)	家长式领导	身心健康	个体主义	160名多国籍员工 (美洲/中国/澳洲/欧洲/东南亚/东北亚等) 问卷
周浩和龙立荣 (2007)	家长式领导	组织公正		国内企事业员工和中层管理人员428份问卷
Chen, Kao and Wu (2007)	家长式领导	下属心理健康	不确定性规避	160份外籍员工问卷
吴宗祐, 周丽芳, 郑伯埙 (2008)	权威取向、员工顺从、员工畏惧	威权领导	主管权威取向	中国台湾企业,510份领导-下属配对问卷

续表

作者（时间）	前因变量	结果变量	中介和调节变量	样本描述
于海波，郑晓明，方俐洛，凌文辁，刘春萍（2008）	威权领导、仁慈领导	组织学习		国内 10 家企业各级管理人员和员工 276 份问卷
吴宗祐（2008）	威权领导	工作满意度、组织承诺	主管信任、情绪智力	中国台湾企业 249 份员工问卷
鞠芳辉，谢子远，宝贡敏（2008）	家长式领导	企业绩效、工作满意度、组织承诺、上下属沟通	员工信任、工作满意度、组织承诺、上下属沟通	国内 308 份民营企业中高层管理者问卷
Erben and Güneşer（2008）	家长式领导	忠诚主管、组织公民行为、组织绩效	下属依赖、主管能力	中国台湾企业 275 份领导-下属配对问卷
张新安，何惠，顾锋（2009）	家长式领导	团队绩效	合作型冲突处理方式	国内企业 108 个团队总经理和团队成员问卷
魏蕾和时勘（2010）	家长式领导	工作投入	心理授权	国内企业 402 份员工问卷
陈璐，杨百寅，井润田，王国锋（2010）	家长式领导	战略决策效果	认知冲突、情绪冲突	国内企业高管 78 个团队 449 份问卷
Wang and Cheng（2010）	仁慈领导	创造力	工作自主、创造力角色认同	中国台湾企业 167 份领导-下属配对问卷
曾垂凯（2011）	家长式领导	职场高原	领导-下属交换关系	国内 28 家企业员工 692 份问卷
张银和李燕萍（2011）	家长式领导、变革型领导	心理授权、工具性社会支持、情感性社会支持		国内企业 300 份领导/同事-员工配对问卷
Soylu（2011）	家长式领导	角色内绩效、组织公民行为	信任主管	国内企业 239 份领导-下属配对问卷
邢雷，时勘，刘晓倩（2012）	家长式领导、授权领导	健康型组织	团队威权领导	国内 51 家企业，1699 份员工问卷
邓志华，陈维政，黄丽，胡冬梅（2012）	家长式领导、服务型领导	工作满意度、组织公民行为、工作场所偏离		国内企业 MBA 学员和管理培训班学员 315 份问卷
陈璐，杨百寅，井润田（2012）	家长式领导	高管团队有效性	团队凝聚力	国内企业 108 个高管团队 1049 份问卷

作者（时间）	前因变量	结果变量	中介和调节变量	样本描述
傅晓，李忆，司有和（2012）	威权领导、仁慈领导	新产品绩效	利用式创新、探索式创新、威权领导、仁慈领导	国内企业高管和业务部门经理159份问卷
张燕和怀明云（2012）	威权领导	组织公民行为	下属对领导的信任、权力距离	国内337份主管-下属配对问卷
段锦云（2012）	威权领导、德行领导	建言	心理安全感、德行领导	国内236份主管-下属配对问卷
Li，Wu，Johnson and Wu（2012）	德行领导	心理授权	程序公正、人际公正	国内企业241份领导-下属配对问卷
Wu（2012）	德行领导	绩效	主管信任、心理授权、威权领导、仁慈领导	国内企业370对领导-下属配对问卷
王石磊，彭正龙，高源（2013）	家长式领导	越轨行为	压力感、组织支持、组织管理幅度	国内企业362份本人-同事配对问卷
陈璐，高昂，杨百寅，井润田（2013）	家长式领导	创造力	心理授权、集体主义、权力距离	国内企业176份领导-下属配对问卷
Chan，Huang，Snape and Lam（2013）	威权领导、仁慈领导	任务绩效、组织公民行为	组织自尊、仁慈领导	国内企业686份领导-下属配对问卷
李锐和田晓明（2014）	威权领导	前瞻行为	对领导者的信任、威权主义取向、集体主义取向	国内企业214份主管-下属配对问卷
高昂，曲庆，杨百寅，赵小染（2014）	家长式领导	团队绩效	团队效能、领导才能	国内企业139个团队776份问卷
邓志华和陈维政（2014）	家长式领导	工作满意度、组织公民行为、工作场所偏离		国内企业MBA和企业管理培训学员413份问卷
李珲，丁刚，李新建（2014）	家长式领导	员工创新行为	心理授权	国内16家企业312份员工问卷
Chen，Eberly，Chiang，Farh and Cheng（2014）	家长式领导	角色内绩效、组织公民行为	情感信任	中国台湾企业601份领导-下属配对问卷
王双龙（2015）	威权领导、仁慈领导	创新行为	创新自我效能、传统性	国内企业461份主管-下属配对问卷

续表

作者（时间）	前因变量	结果变量	中介和调节变量	样本描述
李锐，田晓明，柳士顺（2015）	仁慈领导	亲社会规则违背	组织不确定性、权力距离	研究一国内企业MBA学员126份问卷，研究二国内10余家企业员工和各级管理人员187份问卷
仇勇和杨旭华（2015）	家长式领导	组织公民行为、认为绩效	职业满意度	国内高校449名教师问卷
张海军，郭小涛，陈波，齐泽湘，王蓓蓓（2015）	家长式领导	心理幸福	心理需求满足、激励气氛	国内5所高校大学生运动员523份问卷
杨继平和王兴超（2015）	德行领导	道德推脱	不道德行为、利他行为	国内企事业单位776份员工问卷
Zhang，Huai and Xie，（2015）	家长式领导	下属建言	地位判断	国内企业402份领导-下属配对问卷
常涛，刘智强，景保峰（2016）	家长式领导	团队创造力	仁慈领导、德行领导	国内企业104个团队637份问卷
晋琳琳、陈宇，奚菁（2016）	家长式领导	团队创新绩效	知识交流共享、知识整合	高校科研团队138个团队464份问卷
吴磊和周空（2016）	威权领导、仁慈领导	知识共享	主管信任	国内医院领导-下属配对189份问卷
邵康华和廖纮亿（2019）	家长式领导	不道德亲组织行为	上下级关系	国内企业260份员工问卷
毛畅果，范静博，刘斌（2020）	家长式领导	建言行为	威权领导、仁慈领导、德行领导	国内企事业单位218份员工问卷
汪林，储小平，彭草蝶，岳磊（2020）	家族角色日常互动	家长式领导	长辈心态	国内家族企业79个高管团队237份问卷
吴士健，孙专专，刘新民，周忠宝（2020）	家长式领导	利他行为	领导-下属交换关系、感情承诺、心理授权	国内23个省市企业320份员工和各级管理者问卷
耿紫珍，马乾，丁琳（2021）	家长式领导	团队创造力	团队建言（促进性建言和抑制性建言）、团队传统性	国内企业113个团队695份问卷
林忠，侯鑫远，夏福斌，鞠蕾（2021）	家长式领导	工作繁荣	工作-家庭增益、家庭-工作增益	国内酒店企业员工和各级管理者385份问卷

续表

作者（时间）	前因变量	结果变量	中介和调节变量	样本描述
朱永跃，马媛，欧阳晨慧，过旻钰（2022）	家长式领导	工匠精神	工作卷入、团队积极情绪氛围	国内制造企业103个团队434份领导-下属配对问卷

资料来源：笔者依据相关文献整理所得。

1. 家长式领导的影响因素

绝大部分研究探索家长式领导行为的影响结果，而对产生家长式领导行为的前因变量研究比较匮乏。在对家长式领导影响因素的探索中，领导价值观（如权威主义取向）、人格（如马基雅维利主义）、长辈心态等领导个体特征变量，下属忠诚行为（如顺从或者畏惧行为）以及组织情境因素（如组织支持）是产生家长式领导行为的重要前因变量。在家长式领导行为的三个维度中，对威权领导行为的前因变量研究相对较多。

权威主义取向（authoritarianism）是指领导让下属屈从自己权威的倾向（李锐和田晓明，2014）。高权威主义领导认为，下属应当遵从自己的权威，服从自己的命令。研究发现，领导的威权取向与威权领导行为正相关。下属行为也会影响威权领导行为的展现。例如，吴宗祐等（2008）的研究显示，下属表现出顺从行为会减少他们主管的威权领导行为，下属表现出畏惧则会增加他们主管的威权领导行为。但当领导威权取向比较高时，无论下属是表现出顺从行为还是畏惧行为，领导都会表现出较高的威权领导行为。

马基雅维利主义（machiavellianism）是三种黑暗人格特质（dark triad traits of personality）中的一种，该人格以操纵和利用他人，实现自身利益最大化为主要特征（Christie，1970）。马基雅维利水平高的个体倾向抗拒社会环境对他们的影响，他们努力控制与他人的互动过程。并且，在与他人的人际互动过程中，他们表现出只关注自身利益，缺乏情感（Bedell et al.，2006）。在一项针对澳大利亚和菲律宾两种不同文化下的员工进行研究，发现马基雅维利主义与威权领导行为正相关（Bedell et al.，2006）。

领导长辈心态是"类似于长辈般的情感心态"，主要包括"领导对下属分享经验和经历的责任感、协助成长和发展的关爱感以及相互接纳和尊重的荣辱感"（汪林等，2020）。汪林等（2020）提出长辈心态的概念，并通过实证研究，验证了领导长辈心态对家长式领导有显著正向影响，并且领导长辈心态在家族角色日常互动与家长式领导之间起中介作用。

主管忠诚（loyalty to supervisor）的概念蕴含独特的中国传统文化。在本土情境下，主管忠诚是指下属对某一特定主管的心理认同和行为依附，下属愿意将主管利益置于个人利益之上，是主动奉献的行为（林家五等，2012）。Wu等（2012c）以167个领导-下属配对数据为样本，发现下属主管忠诚行为正向预测仁慈领导行为。

组织支持感（perceived organizational support）是个体对其所在组织重视他们的贡献和如何看待他们幸福感的总体感受（Rhoades and Eisenberger，2002）。这一概念具有两个核心要素：一是个体对其组织如何看待他们贡献的知觉；另一个是个体对其组织是否关心他们利益的知觉（周莹，2009）。当领导者感受到组织支持，他们将提供给下属更多的支持和福利作为回报（Wu et al.，2012），这可能促使领导表现出更多的仁慈领导行为。

2. 家长式领导的影响结果

家长式领导对下属影响可分为对下属态度、下属健康、下属工作行为，以及在个人、团队和组织层次绩效的影响。

（1）对下属态度的影响。

家长式领导行为对下属态度的研究集中在工作满意度、职业满意度、工作繁荣、工匠精神、组织承诺、工作疏离感和工作沉迷这七个方面。研究发现，仁慈领导和德行领导行为正向预测下属工作满意度、职业满意度、工作卷入、工作享受、工匠精神和组织承诺，负向预测下属的工作强迫。而且，仁慈领导还负向影响下属工作疏离感。威权领导正向影响下属工作疏离感和工作强迫，负向影响下属工作繁荣、工作卷入、工作享受和工匠精神。

工作满意度在我国又称为员工满意度，是指员工对工作整体认知评估后产生的积极工作态度（Locke，1969）。林声洙和杨百寅（2013）调查韩国在华跨国公司的员工发现，仁慈领导和德行领导能够正向预测下属的工作满意度，威权领导对下属工作满意度没有影响。而吴宗祐等（2008）针对中国台湾员工进行的威权领导与下属工作满意度关系的研究显示，威权领导会负向影响下属的工作满意度。他们进一步研究发现，下属的自我情绪调节能力会增强威权领导与下属工作满意度之间的负向关系，即当下属的自我情绪调节能力强时，威权领导行为对下属工作满意度的负向作用越明显。

职业满意度（career satisfaction）是个体主观职业成功的一个指标，它表明员工对其职业的内在和外在方面获得的满意度，包括薪酬、晋升和发展机会（Greenhaus et al.，1990）。在一项针对高校教师的研究中发现，仁慈领导和德行领导会提高下属的职业满意度，威权领导对下属的职业满意度没有显著影响（仇勇和杨旭华，2015）。

工作繁荣（thriving at work）是个体在工作中同时感受到学习和活力（Spreitzer et al.，2005）。林忠等（2021）发现，威权领导对员工工作繁荣有负向影响，仁慈领导和德行领导能够通过提高员工工作-家庭增益促进员工工作繁荣。

工匠精神（craftsmanship）是员工在工作中秉持的工作价值观，对所从事行业的职业态度，是人们工作选择和行动的内在准则（高中华等，2020）。朱永跃等（2022）研究发现，威权领导对工匠精神有负向影响，仁慈领导和德行领导对工匠精神有正向影响。

组织承诺（organizational commitment）反映员工对其所在组织的认同程度

(Mowday et al.，1979)。郑伯埙等（2000）通过对中国台湾企业员工的调查，
检验了仁慈领导的两个子维度分别与情感承诺、规范承诺和持续承诺的关系。
结果发现仁慈领导个别照顾维度会正向影响下属的情感承诺，而仁慈领导另一
维度宽容体谅则对组织承诺的三个维度均无显著影响。德行领导正直尽责的子
维度对下属持续承诺有正向影响，德行领导另一个维度不占下属便宜，对下属
规范承诺有正向预测作用，德行领导无私典范维度与下属情感承诺显著正相
关。威权领导威服维度会正向预测下属情感承诺，严峻维度对下属规范性承诺
有负向预测作用，教诲维度对下属规范性承诺也有正向预测作用。而吴宗祐等
（2008）对中国台湾企业员工的研究表明，威权领导会减少下属情感承诺。芦
青等（2011）在对北京高校在职学生研究中发现，德行领导与下属的情感承
诺显著正相关。可见，仁慈领导和德行领导与下属的组织承诺显著正相关，而
威权领导对下属组织承诺的影响结果并不一致，需要进一步探究威权领导和下
属组织承诺之间的关系。

工作疏离感（work alienation）是指因工作情境不符合员工期望，或者不
能满足员工需要，使员工产生的与工作分隔的心理状态（Banai et al.，2004）。
龙立荣等（2014）对广东地区企业的调查研究显示，仁慈领导对下属心理疏
离感有显著的负向作用，德行领导对下属心理疏离感则无显著影响，而威权领
导对下属的心理疏离感有显著的正向作用。

工作沉迷（workaholism）是个体对工作的非理性承诺，表现为高度的工作
卷入（job involvement）和工作强迫（work driveness），较少的工作享受（work
enjoyment）（Spence and Robbins，1992）。研究发现，仁慈领导和德行领导对
工作沉迷中的工作强迫维度有负向作用，而对工作沉迷中的工作卷入和工作享
受维度有正向影响作用。威权领导则与之相反，即威权领导对下属的工作强迫
有正向作用，而对下属的工作卷入和工作享受有负向预测作用（鲁良，
2012）。

此外，郑伯埙等认为，家长式领导中威权领导、仁慈领导和德行领导会激起下属对领导的服从（conformity）、回报（repayment）和认同效仿（identification）的心理反应（Cheng et al.，2004）。服从是指下属完全服从他们的领导，完全听从领导的指令。回报是指下属感受到领导的仁慈，即使需要自我牺牲，也愿意努力偿还。认同效仿是指下属尊重和认同管理者的行为与价值观，并愿意模仿领导者。他们对中国台湾企业员工 543 份样本进行研究，结果显示仁慈领导和德行领导会促进下属认同，威权领导和德行领导会促进下属服从，仁慈领导会增加下属感激（Cheng et al.，2004）。他们还研究了威权领导、仁慈领导和德行领导的交互效应，结果发现威权领导、仁慈领导和德行领导的三项交互效应没有得到支持。而且，仁慈领导和德行领导的交互项对下属服从、回报和认同效仿也没有显著的影响；威权领导和仁慈领导的交互项对下属服从、回报和认同效仿有显著的正向作用；而威权领导和德行领导的交互项对下属服从、回报和认同效仿有显著的负向作用。此外，他们还研究了下属的权威取向在家长式领导和下属心理反应之间的调节作用，结果发现下属的权威取向在仁慈领导和下属心理反应，以及德行领导和下属心理反应之间没有调节效应，但拥有权威取向价值观的下属与威权领导互动时，下属更倾向服从、回报和认同效仿威权领导（Cheng et al.，2004）。

　　（2）对下属健康的影响。

　　根据世界卫生组织定义，健康（health）是个体在身体、精神和社会适应方面的一种完好状态。员工健康不仅关系到员工的切身福祉，还与组织显性成本（如医疗保险费用）和隐性成本（如缺勤率）息息相关（Gurt et al.，2011；Sorensen et al.，2016），影响企业可持续发展（Erickson and Giuseppe，2010；Pescud et al.，2015），因而日益受到组织重视（刘取芝，2015）。赵安安和高尚仁（2005）根据中国台湾企业 216 份员工调查问卷，发现威权领导行为是一种工作压力源，提高了下属生理压力反应，从而为下属心理健康和身体健康带来负面影响，而仁慈和德行领导行为会减弱威权领导行为对下属身心健康的负向作用。具体而言，仁慈和德行领导行为表现得越明显，威权领导行为对下属心理健康的负向作用就会越弱。张海军等（2015）调查了523名大学生运动员，发现仁慈领导和德行领导通过满足大学生运动员基本心理需要，促进了他们的心理幸福感，威权领导行为对这些运动员的基本心理需求满足和心理幸福感没有显著影响，而激励氛围会增强家长式领导对大学生运动员心理幸福感。Chen和Kao（2009）对一家大型中国跨国公司160名海外雇员的调查研究显示，威权领导和德行领导会危害海外雇员心理健康。海外雇员不确定性规避越高，德行领导对他们心理健康的负向作用越弱。

（3）对下属工作行为的影响。

家长式领导对下属工作行为的研究集中在创新和创造力、组织公民行为、建言行为、前瞻行为、亲社会规则违背、不道德亲组织行为、越轨行为，以及反生产行为这八个方面。

创新（innovation）和创造力（creativity）不仅是组织获取竞争优势的必要因素，也是组织生存的关键（Amabile，1988）。家长式领导对创新的影响也获得了较多关注。研究者一般认为，仁慈领导和德行领导会促进下属创造力和创新行为，威权领导会阻碍下属创造力和创新。例如，李珲等（2014）对天津、南京、上海和郑州等地的16家企业，通过312份调查问卷，研究发现仁慈领导和德行领导会增加下属创新行为，威权领导会降低下属的创新行为。并且，仁慈领导和德行领导的交互项会增加下属创新行为，仁慈领导和威权领导的交互项，以及德行领导和威权领导的交互项则对员工创新行为没有显著作用。Wang和Cheng（2010）通过对中国台湾高科技制造公司的167份领导-下属配对问卷的研究发现，仁慈领导会促进下属创造力。Wang等（2013）在之后的研究中也发现，威权领导与下属创造力显著负相关，而仁慈领导对下属创造力没有显著作用。王双龙（2015）也发现，威权领导与创新行为显著负相关，仁慈领导与创新行为显著正相关。然而，现有研究也发现，对特定人群，威权领导对下属创新行为的负向作用会削弱，甚至产生正向影响。例如，针对高校和医院特定人群，威权领导对创新有关行为甚至有正向作用（晋琳琳等，2016；吴磊和周空，2016）。常涛等（2016）对104个团队的637份调查问卷研究，发现仁慈领导和德行领导与团队创造力显著正相关。而且，仁慈领导与德行领导的交互项，以及仁慈领导与威权领导的交互项与团队创造力显著正相关。德行领导与威权领导的交互项则与创造力显著负相关。他们进一步检验了家长式领导的三项交互效应，发现高威权、高仁慈和高德行的领导对团队创造力的正向作用最强，低威权、高仁慈和高德行领导行为对团队创造力作用次之，低威权、低仁慈和低德行领导行为对团队创造力的负向作用最大。此外，组织学习（organizational learning）是提高组织创新能力的关键过程，包括个体学习、集体学习、组织层学习、组织间学习、利用式学习和开放式学习六个维度。于海波等（2008）通过对北京、上海、沈阳和青岛四地的调研，基于276份问卷，研究发现仁慈领导对组织学习有正向预测作用，威权领导则与之相反，对组织学习有显著的负向作用。

组织公民行为（organizational citizenship behavior）是指员工在工作职责以外，实施促进组织稳定和提高组织效率的行为（Organ，1997）。大量研究显示，仁慈领导和德行领导对下属组织公民行为有正向影响作用，而威权领导对下属组织公民行为有负向影响作用（仇勇和杨旭华，2015；林姿葶和郑伯埙，2012；芦青等，2011；吴敏等，2007a；张燕和怀明云，2012）。例如，芦青等（2011）调查了北京高校在职攻读大专学位的280名学生，发现德行领导通过与下属形成高质量领导-下属交换关系，进而促进了下属组织公民行为。仇勇和杨旭华（2015）基于449份高校教师样本，发现威权领导、仁慈领导和德行领导对高校教师组织公民行为有正向预测作用。而且，仁慈领导和德行领导还会通过提升高校教师职业满意度，从而促进他们的组织公民行为。他们进一步发现，威权领导和德行领导的交互项也会增加高校教师组织公民行为。并且，威权领导对高校教师组织公民行为有正向预测作用，但这一研究结果与以往结论并不一致。研究者认为，这可能与高校教师职业特殊性有关，如高校教师可能会将组织公民行为视为角色内行为，另外，高校教师工作自主性较高，因而强调控制的威权领导可能会促进高校教师绩效。林姿葶和郑伯埙（2012）采用中国台湾 254 份领导-下属配对数据进行研究，结果发现仁慈领导的工作照顾和生活照顾两个维度对下属组织公民行为有正向预测作用。利他行为（altruistic behavior）是组织公民行为的重要维度。利他行为是个体有意识的自愿行为，在组织中表现为对同事的无私帮助，必要时主动分担工作。吴士健等（2020）研究发现，威权领导、仁慈领导和德行领导均对员工利他行为有正向作用。领导-下属交换关系、感情承诺和心理授权在其中发挥中介作用。

建言行为（voice behavior）是指员工期望改变组织状态而提出的建议（Hirschman，1970）。段锦云（2012）对苏南地区外资和民营企业 236 份领导-下属配对样本的研究发现，德行领导会增加下属心理安全感，进而促进下属建言行为，该研究进一步显示了威权领导和德行领导的交互项对下属建言的作用，发现德行领导并不会减少威权领导对下属心理安全的负面作用，威权领导和德行领导交互项依然会减少下属心理安全感。Chan（2014）通过对制造企业 286 份领导-下属配对数据研究发现，威权领导会减少下属建言行为，而德行领导会增加下属建言行为。毛畅果等（2020）发现，威权领导、仁慈领导、德行领导和员工建言行为之间存在三阶交互效应。当领导表现出高德行领导行为和低威权领导行为或者高德行领导行为和高威权领导行为时，仁慈领导对员工建言行为正向影响最强，而当领导表现出低德行领导和高威权领导时，仁慈领导对员工的建言行为会产生负向作用。

前瞻行为（proactive behavior）是指个体面向未来而自发实施，旨在积极改变自己或环境的工作行为（Bateman and Crant，2010）。李锐和田晓明

（2014）基于 214 份主管和下属配对样本，研究发现威权领导会通过降低下属的信任，减少他们的前瞻行为。

亲社会规则违背（pro-social rule breaking）是指员工出于帮助所在组织，或者满足组织利益相关者的愿望而做出的违背正式政策和规则的行为（Morrison，2006）。李锐等（2015）通过情境实验和问卷调查研究了仁慈领导对下属亲社会规则违背的作用。他们发现，仁慈领导对下属的亲社会规则违背行为有正向作用，而且这一关系受到组织不确定性和下属权力距离的影响。

不道德亲组织行为（unethical pro-organizational behavior）是指员工为了组织利益或者组织中的他人而做出的不道德行为（Umphress et al.，2010）。邵康华和廖纮亿（2019）发现，德行领导对员工不道德亲组织行为产生正向影响，而威权领导和仁慈领导对员工不道德亲组织行为产生负向影响。上下级关系在威权领导、德行领导与员工不道德亲组织行为之间起调节作用，上下级关系越好，威权领导对员工不道德亲组织行为的正向影响越强，德行领导对员工不道德亲组织行为负向影响越强。

越轨行为（deviant behavior）包括显性越轨行为（如旷工）和隐性越轨行为（如口头攻击），越轨行为是员工有意识地做出损害组织或者员工利益的行为（Kaplan，1975）。王石磊等针对"80 后"员工，通过 362 份本人-同事配对问卷，发现威权领导、仁慈领导和德行领导均与下属的隐性越轨行为有关。具体来说，威权领导对下属的隐性越轨行为有显著的正向预测作用，而仁慈领导和德行领导对下属的隐性越轨行为有显著的负向影响作用。

反生产行为（counter-productive work behavior）与越轨行为类似，也是指员工有意识地损害组织或者员工利益的行为，如盗窃公司物资、磨洋工等（Fox et al.，2001）。任迎伟和李思羽（2016）对四川省国有企业的 424 份领导-下属配对问卷的调查研究，发现仁慈领导和德行领导会引发下属互动公平感知，进而减少他们的反生产行为；而威权领导会降低下属互动公平感知，增加他们的反生产行为。

（4）对个体、团队及组织层次绩效的影响。

大量研究显示，在个体、团队或者组织层次，仁慈领导和德行领导会促进下属绩效，威权领导会降低下属绩效（吴敏等，2007；张燕和怀明云，2012；鞠芳辉等，2008；芦青等，2011；郑伯埙，2011）。例如，Chan 等（2013）以一家制造公司的 686 对配对数据为样本进行研究，他们发现威权领导会降低下属组织自尊，进而减少下属任务绩效。而当威权领导也展现出仁慈领导行为时，则会通过增加下属组织自尊，从而提高下属的任务绩效。杨霞等（2016）运用扎根理论，对西安一家高科技公司调研，重新构建出家长式领导的四个维度：关怀爱护、包容开明、鼓励教导与德行典范，并检验了这四个维度对知识转移绩效的作用及机制。他们发现，家长式领导通过促进下属知识转移，最终体现为知识转移绩效。陈璐等（2010）选取四川省 5 家企业的 371 名高管团队成员进行调研，发现总经理的家长式领导行为影响高管团队战略决策效果。具体而言，德行领导增加高管团队的认知冲突（建设性冲突），进而提升高管团队的战略决策效果。仁慈领导能够通过减少高管团队的情绪冲突（破坏性冲突），提升他们的战略决策效果。威权领导能够通过引发高管团队的情绪冲突，降低他们的战略决策效果。在团队层次，高昂等（2014）通过对一家国有企业 139 个团队的调研发现，仁慈领导和德行领导通过促进团队效能，进而对团队绩效有显著的正向预测作用。而威权领导与之相反，对团队绩效有显著的负向预测作用，而且这种负向影响是通过降低团队效能造成的。他们进一步研究发现，当威权领导能力较强时，威权领导对团队绩效有正向作用。晋琳琳等（2016）对北京和广东两地重点高校中的 80 支科研团队进行调研，发现高校科研团队负责人存在家长式领导行为，但其内容结构与企业背景下的家长式领导存在差异。他们将家长式领导的量表依据高校背景进行修订，去掉了隐匿信息维度，之后运用修订的量表，调查了 342 支创新团队，检验了高校背景下家长式领导对团队创新绩效的作用。他们发现，威权领导、仁慈领导和德行领导对团队创新绩效有显著的预测作用，而且这一影响是通过促进团队知识管理过程实现的。傅晓等选取重庆市 159 家高科技企业进行问卷调查，研究发现，威权领导对利用式创新有显著的负向预测作用，而仁慈领导对利用式创新和探索式创新有显著的正向预测作用。而且，仁慈领导负向调节探索式创新对新产品绩效的正向作用，即领导表现出高仁慈领导行为时，探索式创新对新产品绩效影响较弱。仁慈领导还正向调节利用式创新对新产品绩效的正向作用，即领导表现出高仁慈领导行为时，利用式创新对新产品绩效影响较强。

（5）其他研究。

除上述研究外，已有研究还发现，家长式领导对其他一些结果变量，如心理动机、心理授权、公平感知、团队有效性和健康型组织产生影响。Niu 等（2010）通过实验研究，发现仁慈领导和德行领导会激发下属工作动机，促进下属对主管顺从（deference to supervisor），威权领导则对下属工作动机无显著影响。此外，该研究还发现，仁慈领导和德行领导的交互项对工作动机和顺从主管有显著正向预测作用。而威权领导和德行领导的交互项，以及威权领导和仁慈领导的交互项则对下属工作动机没有显著作用，此研究结果说明，"无私的仁慈"可能是中国情境下最有效的领导方式。Li 等采用中国大陆地区样本，将心理授权作为因变量，检验德行领导与心理授权的关系，结果发现德行领导对心理授权的四个维度（能力、自我决定、意义和影响）均有显著的正向预测作用。周浩和龙立荣（2007）调查了 428 名企事业单位员工，他们的研究表明，仁慈领导和德行领导对下属的分配公平、程序公平、领导公平和领导解释有显著的正向作用；威权领导则对下属的领导公平有显著的负向作用。此外，他们的研究还显示，德行领导越明显，威权领导对下属感知的分配公平和程序公平的负向作用就越弱。仁慈领导越明显，威权领导对领导公平和领导解释的负向作用就越弱。

邢雷等选取北京、天津、山东、江西和陕西等地51家组织的331个团队的员工，获得团队-组织匹配的有效问卷1699份，探讨了基层与高层威权领导行为一致性如何影响组织健康。结果发现，基层和高层一致性对组织健康有正向作用，即当基层领导的威权领导行为高时，高层领导的威权领导行为对组织健康有显著的正向预测作用，当基层领导的威权领导行为低时，高层领导的威权领导行为对组织健康有显著的负向预测作用。

3. 中介变量的研究

关于家长式领导具体作用机制的研究，可从个体和团队层次展开，涉及动机、情绪、领导-下属之间关系以及公平感知。

（1）动机的中介作用。

家长式领导行为对下属动机的影响主要体现在知识共享意愿、心理授权、创新自我效能和工作动机这几个方面。其中，仁慈领导和德行领导对下属的知识共享意愿和工作动机有显著的正向影响。威权领导对下属知识共享意愿、创新自我效能和工作动机有显著的负向影响。威权领导和德行领导对下属心理授权的研究结果可能在不同层级的下属之间存在差异，需要进一步明确两者之间的关系。此外，研究显示，领导同时展现仁慈和德行领导行为（无私的仁慈）可能是较为有效的领导方式。

知识共享意愿（knowledge sharing intention）是指员工为帮助其他组织成员掌握知识，而主动将有关的工作知识分享给他们的意愿（卢福财和陈小锋，2012）。张振刚等（2015）的研究显示，仁慈领导和德行领导能够促进下属知识共享意愿，进而提高组织效能，威权领导则与之相反，威权领导通过降低下属知识共享意愿，从而对组织效能产生不良影响。

心理授权（psychological empowerment）是由员工感知到的能力（competency）、自我决定（self-determination）、工作意义（meaning）和工作影响（impact）构成的内在工作动力。李珲等（2014）对天津、南京、上海和郑州四地的企业调研发现，仁慈领导和德行领导通过促进下属的心理授权，提高员工的创新行为，而威权领导会降低下属的心理授权，进而损害员工的创新行为。陈璐等（2013）对四川省高科技公司高管团队的研究显示，仁慈领导会增加高管团队成员的心理授权，进而促进高管团队成员的创造力。威权领导和德行领导对高管团队成员的心理授权则没有显著作用。可见，仁慈领导对下属心理授权有较强的正向预测作用，威权领导对下属心理授权的影响可能在不同层级的下属之间存在差异，需要进一步探索。

创新自我效能（creative self-efficacy）是指员工对形成创造性产品或者服务的一种能力上的主观感受，强调个体所具有的主观能动性（Tierney and Farmer，2002）。王双龙（2015）通过对汽车制造、生物医药以及金融服务等领域的企业调查，发现威权领导会降低下属创新自我效能感，进而减少下属的创新行为；而仁慈领导则会提高下属创新自我效能感，从而提高下属的创新行为。

（2）情绪的中介作用。

情绪在人们工作和生活中发挥着重要的作用。情绪不仅关系到员工工作表现，影响领导有效性，还对员工身心健康产生重要作用（Houben et al.，2015）。领导对员工情绪的影响也日益引起学者关注（Bakker et al.，2007），但总体而言，针对家长式领导与员工情绪反应的研究还比较缺乏。在较少的探索家长式领导和下属情绪的研究中，吴宗祐等（2002）针对中国台湾员工，研究了威权领导行为与下属愤怒情绪的关系，研究结果显示，威权领导会引发下属愤怒情绪，进而降低下属工作满意度，该研究揭示了家长式领导对下属工作满意度影响的情绪机制。

（3）领导-下属互动的中介作用。

领导发挥影响力离不开领导与下属之间的有效互动。在家长式领导与下属互动中，领导与下属之间可能建立起信任，发展出高质量的 LMX，使下属服从、认同和回报他们的领导。

信任（trust）依据形成基础可分为认知信任（cognition based trust）和情感信任（affect based trust）。认知信任是指个体基于理性证据而产生的信任。情感信任代表一种强烈的个体间积极情绪联结，它超越了工具性质，是一种发自内心的信任，相信这种关系的内在美德，并相信这些情感会得到回报（McAllister，1995）。鞠芳辉等（2008）在对浙江省民营企业中高层管理者的调研中发现，仁慈领导和德行领导激发了下属对领导的情感信任和认知信任，提高了下属工作满意度和组织承诺，并最终体现为高水平的静态绩效（销售额、利润水平、市场占有率等）。Chen等（2014）通过对中国台湾企业的调查，采用了领导-下属配对数据，发现仁慈领导和德行领导会满足下属情感需求，促进了下属对领导的情感信任，从而增加了下属组织公民行为和绩效。而威权领导对下属情感信任无显著影响。

信任主管（trust in supervisor）是指在与领导社会交换过程中，下属对主管是否值得信任的评价，这表现在两个方面：下属在面临不确定的情况下，愿意承担损失的风险；下属相信领导会对自己表现出善意，不会占自己便宜，值得依赖（吴宗祐等，2008）。王莉和蔡永红对河北省和山西省两地的中小学教师调研发现，仁慈领导和德行领导增加教师间的信任，以及教师对学校领导的信任，从而激发教师教学创新自主动机，最终形成教师教学创新表现。威权领导降低教师间的信任，以及教师对学校领导的信任，进而降低教师教学创新自主动机，减少教学创新表现。姜定宇等（2013）认为，下属信任主管与下属不信任主管是两个不同的概念，当考察下属信任主管时，也应当考虑下属不信任主管。他们采用领导与下属配对数据，对中国台湾民营企业的研究显示，仁慈和德行领导一方面促进了下属对主管的信任，使下属表现出更多的主管效忠行为；另一方面，德行领导通过减少下属对主管的不信任，使下属表现出更多的主管效忠行为。威权领导通过降低下属对主管的信任，进而表现出较少的下属效忠主管行为。Wu 等（2012a）与 Wu 等（2012b）采用领导-下属配对数据，他们的研究显示，威权领导与下属对主管的信任显著负相关，进而降低了下属工作绩效和组织公民行为。德行领导激发了下属对主管的信任，进而增加了下属工作绩效和组织公民行为。仁慈领导也会增加下属信任，但最终只体现在组织公民行为上，对绩效的作用并不显著。Wu（2012）在另一篇对中国纺织公司的研究显示，德行领导在与下属日常互动中，会增加下属对他们领导的信任，从而激发下属的心理授权，最终体现为高水平的工作绩效，进一步分析发现，仁慈领导和德行领导的交互项会促进下属对主管的信任。吴磊和周空（2016）通过对湖南省医院的工作人员调查，显示仁慈领导和威权领导都能增加下属对主管的信任，进而促进下属的知识共享行为。威权领导促进下属信任这一研究结果与以往研究相反，这可能是样本来自特定行业所致。以上研究结果可以显示，仁慈领导和德行领导会促进下属对主管的信任，威权领导则会降低下属对主管的信任。

领导-下属交换关系由 Graee 和 Uhl-Bien 提出，他们认为，领导通常只会与少部分下属建立高质量的交换关系，而与其他下属建立低质量的交换关系。高质量领导-下属交换关系的特征为高水平的相互信任、尊重与支持；低质量领导-下属交换关系的特征为低水平的信任、尊重与支持（Graen，1995）。曾垂凯（2011）的研究显示，仁慈领导和德行领导会使下属感知到高质量的领导-下属交换关系，从而降低下属职业生涯高原，而威权领导则相反。Zhang 等（2015）采用402份领导-下属配对数据，他们研究发现，仁慈领导和德行领导能够形成高质量的领导-下属交换关系，而使下属表现出更多的建言行为。Chan 和 Mak（2012）针对中国香港非营利性组织，采用223份领导-下属配对数据，发现仁慈领导通过促进领导-下属交换关系，进而提高下属绩效和组织公民行为。

（4）下属公平感知的中介作用。

组织公平（organizational justice）是指员工对组织公平程度的一种知觉，包括分配公平、程序公平和人际公平（Greenberg，1990）。吴敏等（2007b）基于国有和民营企业中 256 份领导-下属配对数据，发现威权领导对程序公平有显著的负向作用，并且这一关系是通过下属信任实现的。Li 等（2014）对华南地区制衣公司中的 110 名主管和 241 名下属研究发现，德行领导通过促进下属程序公平认知，提高下属对工作意义、工作能力和工作影响的认知，德行领导还通过促进人际公平，提高下属对工作中自我决定的感知。吴敏等（2017b）研究发现，仁慈领导和德行领导通过增加下属互动公平感知，增加下属对领导的信任，最终激发下属表现出组织公民行为，提高下属工作绩效。

4. 调节变量研究

现有家长式领导研究中，家长式领导作用效果发挥调节作用的因素主要集中在情境因素和个体差异两个方面。情境因素包括组织不确定性、不确定性规避、信息分享和领导下属交换关系。个体差异因素包括权力距离、集体主义、传统性和组织公平等个体环境认知差异、情绪智力的个体能力差异和创造性角色认同的自我概念差异方面。

（1）情境因素的调节作用。

组织不确定性（organizational uncertainty）是指员工根据主观选择的组织相关信息而形成的对组织生存状况不确定性程度的感知。例如，员工知觉组织受到外部环境的影响，处于风险当中。李锐等（2015）研究显示，仁慈领导和下属亲社会规则违背的关系受到组织不确定性的影响。具体来说，组织不确定性越高，仁慈领导行为对下属亲社会规则违背影响作用就越小。此外，Chen和 Kao（2009）研究也探讨了与组织不确定性类似的概念——不确定性规避（uncertainty avoidance），其本意是指组织环境中规范或正规化的程度，在本书中，它反映员工受不确定环境威胁的感知程度。他们发现，海外雇员不确定性规避越高，道德领导对他们心理健康的负向作用越弱。

信息分享（information sharing）是组织内员工主动分享完成工作所需的信息和知识，更好地胜任工作角色和责任。Chan（2014）指出，对获得更多信息分享的员工来说，德行领导对下属建言行为的正向影响更明显。领导-下属交换关系质量也会调节威权领导和下属组织公民行为的关系。低质量领导-下属交换关系会增加威权领导对下属任务绩效和组织公民行为的负向作用（周明建和阮超，2010）。

（2）个体差异的调节作用。

现有家长式领导研究作用效果存在的个体差异体现在个体环境认知差异（权力距离、集体主义、传统性、组织公平）、个体能力差异（情绪智力）以及自我概念（创造力角色认同）等方面的差异上。其中，个体环境认知差异获得了学者最多的关注。

权力距离取向（power distance orientation）反映员工对身份、权威和权力差异的接受程度（Dorfman and Howell，1988）。张燕和怀明云（2012）指出，下属权力距离取向越低，威权领导行为越会降低下属对领导的信任程度，进而减少他们的组织公民行为。下属权力距离取向越高，威权领导行为对领导信任负向影响越弱，进而对组织公民行为的负向作用也降低。陈璐等（2013）的研究发现，团队成员的权力距离对威权领导行为和高管团队成员心理授权之间负向关系起调节作用，团队成员的权力距离越高，威权领导行为对心理授权的负向作用就会越弱。仁慈领导行为和德行领导行为与下属心理授权的关系则不受团队成员权力距离的影响。李锐等（2015）研究显示，仁慈领导和下属亲社会规则违背的关系受到下属权力距离的影响。具体来说，下属权力距离取向越高，仁慈领导行为对下属的亲社会规则违背的正向影响作用就越小。

集体主义（collectivism）作为一种重要的文化价值观，在集体规范与责任的影响下，反映个体优先满足集体的需要与目标，而不是优先满足个人的需要与目标（Triandis，1988）。李锐和田晓明（2014）认为，高集体主义者面对威权领导时，会产生认知失调和心理不适，他们的实证研究也表明，集体主义取向的下属会增强威权领导与下属信任领导和下属前瞻行为之间的负向关系。而陈璐等（2013）认为，高集体主义下属会顺从威权领导行为，所以下属集体主义会减弱威权领导与下属心理授权之间的负向关系，他们的实证研究也发现，高管团队成员的集体主义越强，威权领导行为对高管团队成员心理授权的负向作用也会越弱，此外，他们的研究还显示，高管团队成员集体主义越强，仁慈领导行为对高管团队成员的心理授权行为正向作用就会越弱。

传统性（traditionality）反映员工对强调"上尊下卑"角色权利和义务关系的儒家五伦思想的认可程度（Farh et al.，1997）。王双龙（2015）发现，下属传统性越高，威权领导对下属创新行为的负向作用就越弱，仁慈领导行为对于下属的创新行为的正向作用就越弱。

情绪智力（emotional intelligence）是一种综合管理情绪的心智能力，包括知觉自身情绪、调节自己或他人情绪等方面（Mayer and Salovey，1997）。吴宗祐等（2008）的研究显示，威权领导对下属工作满意度的负向作用对高自我情绪调节能力的下属来说更明显。

组织公平感（organizational justice）是指员工对所受到的组织对待是否公平的感知（Saunders and Thornhill，2003）。芦青等（2011）研究显示，组织公平感能够调节道德领导和下属组织公民行为之间的影响关系，组织公平感越高的员工，道德领导对下属组织公民行为的正向影响作用越明显。

创造性角色认同（creative role identity）反映员工将自身创造力作为自我概念的重要构成内容。Wang 和 Cheng（2010）研究显示，工作自主和创造性角色认同会强化仁慈领导对下属创造力的正向作用，即当工作自主性越高，创造性角色认同越强，仁慈领导对下属创造力的促进作用越强；反之亦然。

（四）国内家长式领导研究评述

家长式领导作为本土盛行的领导行为，受到我国学者的重视，研究成果日益丰富。从领导行为有效性分析，仁慈和德行领导能够激发下属积极情感和态度，对下属行为有积极的作用。而且现有研究结果表明，仁慈领导与下属态度和行为是比较一致的正向关系，而威权领导对下属态度和行为的影响结果并不一致。尽管大部分研究结果显示，威权领导对下属态度和行为具有消极作用，但也有个别研究发现，针对某些群体，威权领导对下属工作表现并未发挥作用，甚至对下属工作表现反而具有正向影响。例如，在对运动员群体研究发现，领导更多地显示出仁慈领导行为，威权领导行为较少展现，因而威权领导对运动员基本心理需求满足和心理幸福感并无影响。另外一项针对高校科研团队研究发现，威权领导对教师绩效、组织公民行为和创新行为均有正向作用（仇勇和杨旭华，2015；晋琳琳等，2016；吴磊和周空，2016）。此外，还有研究表明，威权领导有效性与下属价值取向有关。当下属为权威主义取向、高权力距离和高传统性时，家长式威权领导对下属态度和行为的消极影响会减弱（张燕和怀明云，2012；王双龙，2015）。现有研究加深了我们对家长式领导的理解，但已有研究在以下四个方面可能还存在不足：

第一，从研究领域角度分析，相比对个体、团队和组织层次绩效研究，家长式领导对下属心理压力、健康和幸福感影响的研究还比较缺乏。工作压力是影响下属健康和幸福感最重要的因素之一（赵安安和高尚仁，2005），一直是管理学和心理学领域学者关注的重点。工作-家庭冲突作为工作领域产生的压力向家庭领域溢出，对个体、家庭和组织均带来消极影响，而家长式领导不仅关注下属工作表现，还关心下属家庭领域。然而，现有研究尚未关注家长式领导对下属工作-家庭冲突的影响。

第二，从家长式领导对下属态度和行为影响机制分析，心理认知变量（如心理授权、心理安全感和自我效能感）和领导与下属关系的相关变量（如人际互动公平、领导-下属关系质量和信任主管）是家长式威权、仁慈和德行领导影响下属态度和行为的最主要的中介变量。而已有研究表明，家长式威权、仁慈和德行领导还会引起下属不同的情绪反应，如愤怒、恐惧和感激等，而下属情绪反应是预测下属态度和行为的重要前因变量，日益受到学者关注（Connelly and Gooty，2015）。然而，现有研究对家长式领导对下属影响情绪机制的研究还停留在理论层面，缺少实证研究。

第三，在家长式领导行为研究中，有相当数量的研究是将家长式领导作为一个整体概念加以分析。而家长式威权、仁慈和德行领导行为存在负相关关系，将家长式领导行为作为整体概念不能有效地揭示家长式领导中三个维度领导行为的特定作用。对此问题的解决思路主要有两种：一是学者们开始将家长式领导三个维度分开，进行独立研究（周浩，龙立荣，2005），如检验仁慈领导和下属亲社会规则违背的关系（李锐等，2015），威权领导与下属工作疏离感的关系（龙立荣等，2014），德行领导与下属工作投入的关系（路红等，2014）。二是探索家长式领导三个维度之间的交互作用，这被视为有效的解决方法。然而，有关研究还较为匮乏，这不利于全面揭示家长式领导的作用功效，影响家长式领导理论在实践领域的运用。因此对家长式领导交互效应的研究能够加深对家长式领导效果的理解。

第四，家长式领导研究主要采用问卷调查的定量实证研究方法，并且已经从单一来源数据收集，逐渐转向从不同来源、不同层次、多个时间点收集数据的较为复杂的研究设计。然而，部分学者基于自身研究需要，对测量家长式领导的量表题项进行删减，使量表测量效度存在不同程度的问题。因而采用经典家长式领导测量量表，并完整地使用测量题项对研究家长式领导显得日益重要。

四、国外家长式领导实证研究

尽管家长式领导理论是在研究海外和中国大陆地区企业基础上提出的，但它并不是华人组织独有的领导行为。在拉美、中东等地区也存在家长式领导（曾楚宏等，2009）。研究发现，这些地区与中国文化有相似的地方，同样是集体主义文化，社会权力距离比较大，也强调下属对家庭和雇主的忠诚与责任（Pellegrini and Scandura，2008）（见表2-5）。

Aycan 是国外家长式领导研究领域中的代表性学者，他提出的家长式领导理论与郑伯埙等提出的家长式领导三元模式存在差异。Aycan（2006）认为家长式领导概念内涵应涉及五个维度，即在工作场所营造家庭氛围，与下属建立个性化和亲密关系，关心下属非工作领域生活，期望下属忠诚，以及维护领导者权威与地位。在 Aycan 提出的家长式领导测量量表中，大部分测量题项表述了领导者对下属工作与生活的全面关怀，并且在有关维护领导权威和地位测量题项中并未发现有关隐匿信息、形象整饬等方面的内容。此外，家长式领导在与下属互动中，会表现出自己真实的情感反应，如快乐、悲伤和愤怒等，对下属控制也比较少。Wasti 等（2007）进一步指出，家长式领导旨在增进下属个人与职业福利。由此可见，Aycan 提出的家长式领导理论更突出领导将下属视为家人，在工作和生活领域竭尽全力为下属提供支持与帮助。实证研究也支持家长式领导是一种高质量领导-下属交换关系。例如，Pellegrini 和 Scandura（2006）调查了土耳其企业 185 名员工，运用 Aycan（2005）开发的家长式领导测量量表发现，LMX 能激发家长式领导行为，进而提高下属工作满意度。在一项跨文化比较的研究中，Pellegrini 等（2010）运用 Pellegrini 和 Scandur（2006）的量表，调查了印度和美国两地员工，印度样本研究结果显示，家长式领导对工作满意度有正向作用，但这一结果并未得到美国样本的支持。此外，在印度和美国两地研究表明，家长式领导对领导-下属交换关系，以及组织承诺都有正向的预测作用。此外，家长式领导建立起的高质量 LMX 还会溢出到同事之间，研究发现，家长式领导通过在工作场所营造家庭氛围、与下属建立个性化和亲密关系，以及关心下属生活会减少职场欺凌行为（Soylu，

2011）。

Aycan 按照领导心理动机（利用或者仁慈）和领导行为（关心或者控制）这两个维度将家长式领导分为四种类型：仁慈家长作风（benevolent paternalism）、权威家长作风（authoritative paternalism）、利用家长作风（exploitive paternalism）和独裁家长作风（authoritarian paternalism）（Aycan，2006）（见图2-4）。

	领导：关心 员工：忠诚/顺从	领导：控制 员工：服从/依赖
领导：仁慈 员工：尊敬	仁慈家长作风	威权家长作风
领导：利用 员工：期望奖励/避免惩罚	利用家长作风	独裁家长作风

动机

图2-4　Aycan 家长式领导四维模型

资料来源：Aycan（2006）。

当领导展现出控制行为时，下属会相应地表现出对领导的服从与依赖。但此时下属心理反应存在差异，如果领导关注的是下属福利，下属会出于尊敬而顺从领导（即威权家长作风）；如果领导只是将下属视作满足自己私利的工具，利用下属，则下属会出于换取奖励和避免惩罚的考虑而服从领导（即独裁家长作风）。当领导展现出关心下属的行为时，下属则相应地表现出顺从与忠诚行为。但其中下属心理反应同样存在差异，如果领导是真心关心下属，下属出于感激而对领导表现出忠诚（即仁慈家长作风），如果领导只是出于利用下属，而表现出对下属关心，下属出于工具性交换的目的也会对领导表现出忠诚（利用家长作风）。

除 Aycan 外，Karakas 和 Sarigollu 将仁慈领导划分为四个内容结构：精神深度（spiritual depth）、道德敏感性（ethical sensitivity）、积极参与（positive engagement）和社区反应（community responsiveness）。他们据此概念维度，开发出相应的测量量表，并进一步通过实证研究，检验了仁慈领导对绩效、情感承诺以及组织公民行为的正向预测作用，随后运用叙事研究方法探索了仁慈领导在建设具有同情心组织中的作用与机制。该研究对象为土耳其中小型企业，研究结果表明，仁慈领导通过精神深度、道德敏感性、积极参与和社区反应四个维度促进组织健康和可持续发展。

此外，Erben 和 Güneşer（2008）运用郑伯埙（2004）的家长式领导量表，调查了 142 名伊斯坦布尔员工，发现仁慈领导对情感承诺和持续承诺均有正向作用，并且仁慈领导会营造道德氛围，促进下属的情感承诺。

国外学者家长式领导研究，从不同视角丰富了家长式领导概念内涵和相关测量工具。但应该注意到，中国社会家长式领导行为与这些国外学者提出的领导行为存在较大差异，特别是有关威权领导行为，在国外学者家长式领导研究中，没有出现以专权和控制为特征的威权领导行为，而是更多地表现出仁慈领导行为，因此需要针对这两种不同的家长式领导行为进行比较研究，中外两种不同家长式领导行为哪一种对下属影响更为有效？威权领导是否也会对下属产生羞愧、害怕和愤怒的情绪呢？仁慈领导是否也会激起下属感激和报恩情绪与行为？德行领导是否也会引起下属认同和效仿呢？这些还有待学者们进一步探索，以加深对家长式领导概念内涵的把握，通过这种比较研究，还可以从另一视角分析家长式领导的有效性，以及家长式领导对员工工作-家庭生活的影响。此外，还应注意，尽管中外学者都称此领导方式为家长式领导，实际上对家长式领导概念界定并不相同，相应测量题目也存在较大差异，因此在进行家长式领导研究的时候，需要厘清概念内涵。

第二节　工作控制研究述评

如前文所述，家长式领导对下属态度和工作行为均有影响，而且这一影响通过领导与下属关系（如信任、LMX、服从、回报和认同），下属动机（如知识共享意愿、心理授权、创新自我效能和工作动机）和情绪（如情绪冲突）这三种机制实现。而在领导与下属互动过程中，家长式领导还会塑造下属对工作特征的认知，工作控制是最重要的工作特征（Karasek，1979）。本书将工作控制作为家长式领导影响下属工作−家庭冲突的认知中介加以研究。

一、工作控制的概念

工作控制作为一种重要的工作特征，相比于与时间有关的工作特征（如需要加班）和与工作性质有关的工作特征（如任务多样性等），需要由组织目标和工作任务决定，工作控制是领导行为能够直接影响下属的工作特征。具体而言，领导者通过与下属日常互动，改变下属对工作控制的认知（Michel et al.，2011）。

工作控制是员工在工作中对工作任务和工作行为的潜在控制，反映了员工改变自身工作环境、工作行为和工作行为结果的能力（Karasek，1979）。Ganster（1989）将工作控制定义为一种对工作环境施加影响的认知能力，目的是增加环境回报，减少环境威胁。Luchman 和 Morales（2013）也认为，工作控制是一种对工作环境的控制，包括直接改变工作或任务各个方面。Karasek（1979）指出，工作控制的核心在于工作决策（decision latitude）或者工作自主（job autonomy），这一概念内涵已被很多学者接受。例如，Yperen 和 Hage-doorn（2003）认为，工作控制给予员工自主权，允许他们对自己的工作作出一定的选择与决策。这些选择和决策涉及他们如何规划他们的时间（时间控制）和使用何种方法来开展他们的工作（方法控制）。类似地，Stiglbauer（2017）也认为，工作控制的概念内涵主要体现在员工工作的自主性上，包括工作时间自主（timing autonomy）、工作决策自主（decision-making autonomy）和工作方法自主（method autonomy）三个方面。Achim 等（2018）也指出，工作控制是指员工能够影响自己如何做工作的可能性。

二、工作控制的实证研究

（一）工作控制的测量

在现有测量工作控制的量表中，应用最为广泛的是 Hackman 和 Oldham（1980）开发的工作诊断量表（job diagnostic survey）中的工作自主性子量表。该量表共有 6 道题项，具有代表性的题目为："工作给了我相当多机会来独立和自主地完成工作。"Breaugh（1985）依据工作诊断量表开发了工作控制量表，该量表包括工作方法自主性、工作时间自主性和工作标准自主性三个维度，共 9 道题项。代表性测量题目为"允许我决定如何完成工作""我控制工作时间安排"等。Karasek（1979）开发了工作决策维度量表（job decision latitude scale），该量表有 3 道题项，如，"我的工作允许我自己做很多决定""关于工作，我有很多话要说""在工作中，我几乎没有自由来决定我如何工作"（反向计分题），采用李克特 4 点计分。Ganster（1989）开发的工作控制量表包括 22 道题项，评估员工在工作中可以控制的范围，包括执行的各项任务、任务完成的顺序和节奏、休息时间的安排、工作场所中的程序和政策，以及物理环境的安排，采用李克特 5 点计分，代表性题目包括"你个人对你的工作质量有多大的控制权？"Jackson 等（1993）通过对车间员工的调查，开发了工作控制量表，包括时间控制（他/她安排工作时间或顺序可能性的程度）和方法控制（个体选择如何执行工作任务的程度）两个维度，10 道题项，李克特 5

点计分。代表性题目为"你能决定工作的顺序吗?""你能选择工作的方法吗?"。Wall 等(1996)运用 Jackson 等的量表,同样调查制造业员工,发现 Jackson 等开发的量表具有良好的信度和效度。Stegmann 等(2010)采用工作设计问卷(work design questionnaire)的子问卷测量工作控制,包括时间自主性、工作决策自主性和工作方法自主性 3 个维度,每个维度包括 3 道题项,代表性题目为"我的工作允许我自己决定如何安排工作""这份工作可以让我做很多决定",该量表采用李克特 5 点计分。

(二)工作控制的影响因素

目前,工作控制前因变量的探索可以从人格因素和组织情境两种视角展开。内控型人格会影响个体工作控制。例如,Spector(1994)研究显示,内控型人格对员工工作控制有正向预测作用,这是因为内控型人格的下属更倾向在现有工作中发挥自主性,承担工作角色之外的工作,进而能够增加他们对工作的控制。组织情境也会影响个体工作控制,而且相比人格因素,探讨组织情境对工作控制的影响更具有实践意义。工作特征嵌套在组织结构中,客观的工作特征会影响下属对工作控制的认知。而根据社会信息处理理论,下属还会从管理者言行中获取线索,解读自己的工作,从而改变对现有工作的认知(Piccolo and Colquitt, 2006)。也就是说,领导行为是影响工作控制重要的组织情境因素。领导行为不仅会为下属提供获得各种资源的机会,而且会增加对下属行为的限制。无论领导行为表现为提供机会还是增加限制,都会影响下属工作控制的认知。例如,Jonsson 等(2013)通过对一家在中国和瑞典都有分公司的瑞典家具制造公司的调研发现,授权领导会增加员工对工作的控制,进而促进员工学习。Hakanen 和 Dierendonck(2013)通过对芬兰高等法院 550 名法官的研究发现,服务型领导也会增加员工的工作控制,进而提高员工生活满意度。

(三)工作控制的影响效果

根据工作要求-控制模型(JD-C Model),工作控制作为一种关键的工作资源，影响员工身心健康、认知表现和绩效。例如，Johnson 等（1996）发现，低控制的工人心血管死亡率明显高于其他工人。Kivimaki 等（1998）研究也显示，工作控制对工人健康的影响表现在一些健康指标上，如病假、自我报告的疾病和压力症状。Bond 和 Bunce（2003）研究发现，工作控制对精神健康和工作绩效有正向作用。Elovainio 等（2001）对芬兰六个健康中心的调查显示，工作控制通过公正评价会影响员工压力。Spell 和 Arnold（2007）通过对 72 家公司的 677 名员工的调查发现，工作控制会促进员工对程序公正的认知，最终减少员工焦虑和抑郁。Daniels 等（2012）发现，高水平工作控制会减少员工消极情绪，降低他们的疲劳和认知失败（如无法保持注意力或无法回忆过去的信息）。

针对工作控制的研究主要集中在对其前因变量和结果变量方面，前因变量主要涉及人格、工作特征和领导行为。其中包括授权领导和服务型领导对工作控制的作用。然而，通过对已有文献搜寻，还未发现家长式领导与工作控制关系的研究。本书期望探索工作控制在家长式领导与下属工作-家庭冲突之间的中介作用，以深化对家长式领导作用机制的理解。

第三节　情绪压制研究述评

如本章第二节所述，家长式领导通过工作控制影响下属工作-家庭冲突为本书研究的认知中介机制。事实上，在领导与下属日常互动过程中，下属一般会有情绪反应，而以往对家长式领导情绪中介机制的探索，主要从下属产生的具体情绪（如愤怒情绪）（吴宗祐等，2002）以及情绪冲突（陈璐等，2010）这两个研究变量的角度开展。面对根植于中国传统文化的家长式领导，下属出于自我保护，即使产生情绪，也不倾向表现出来。因而本书将情绪压制作为家长式领导影响下属工作-家庭冲突的情绪机制加以研究。

一、情绪压制的概念

情绪压制是个体经历情绪反应后如何表达这些情绪的一种反应策略（response-focused strategy）（Gross，1998）。具体而言，情绪压制是指受外界情境的影响，当个体情绪唤起时（包括积极情绪和消极情绪），有意识地压制自己的情绪表达行为（Gross and Levenson，1993）。换言之，情绪压制是指个体主动、努力地减少自身内心感受的外在迹象的行为（Butler et al.，2007）。

二、情绪压制的实证研究

（一）情绪压制的测量

在现有测量情绪压制的量表中，应用得最为广泛的是 Gross 和 John（2003）开发的情绪调节量表（emotion regulation questionnaire）（Kafetsios et al.，2012；Matta et al.，2014；Brockmam，2017）。该量表共有 4 道题项，代表性题目包括："我不会表露出消极情绪""我控制自己的情绪"。此外，Roger 和 Najarian（1989）修订了 Roger 和 Nesshoever（1987）的情绪控制量表（emotional control questionnaire），原量表中共有 9 道题项，新修订的量表增加了测量题目，修订后共有 14 道题项，代表性题目包括："当有人惹我生气时，我会试着隐藏自己的情绪""我很少表达我对事物的感受"等。

（二）情绪压制的影响因素

目前，已有研究主要从个体特征和组织情境两种视角分析造成情绪压制的原因。个体特征因素包括性别、种族和人格。例如，Gross 和 John（2003）通过实证研究发现，男性比女性更倾向压制情绪。而且，相比欧裔美国人，在美国的少数民族（如非裔、亚裔美国人）更倾向情绪压制。在人格影响情绪压制的研究中，外向型人格是研究较多的变量，Wang 等（2009）通过对1000名在校本科生的调查发现，外向型人格的个体较少情绪压制。此外，他们的研究还发现，当个体注意到他人在场，并且观察自己时，个体会进行情绪压制（Gross and Levenson，1993）。此外，领导行为也是影响下属情绪表达的重要因素。刘取芝（2015）认为，领导行为通过满足下属需要，形成正面情感事件，引起下属积极的情绪反应，而当领导行为不能满足或者阻碍下属需要时，会形成负面情感事件，引起下属消极情绪反应，并增加下属工作压力。领导拥有对下属的奖惩权力，对下属职业生涯发展至为重要，下属认识到自己的言行都受到领导评判。因而，当下属面对自己直接领导时，他们倾向隐藏自己的情绪反应。

（三）情绪压制的影响结果

尽管情绪压制能够减少个体表达行为，但不能减少个体情绪体验（Gross，2002）。一般认为，个体很难压制自身的情绪反应，压制情绪反应会给个体认知表现、生理反应、工作态度以及人际互动带来消极影响（Gross，2002）。个体情绪压制对认知影响表现在个体在压制情绪的过程中，会持续地产生自我监控和自我矫正行为，这会大量消耗个体认知资源，损害信息加工过程中对信息的记忆，降低个体认知能力和表现（Gross，2002）。值得注意的是，压制消极情绪表达行为不会减少消极情绪体验，而压制积极情绪表达行为则会降低积极情绪体验。Gross（2002）通过实验室的研究发现，压制积极（如愉悦）和消极情绪（如悲伤）会激活心血管系统的交感神经，增加皮肤电反应，提高血压，降低个体新陈代谢。Moore 等（2008）发现，情绪压制会增加员工焦虑、抑郁和创伤后应激障碍（PTSD）等与压力有关的症状。Butler 等（2007）通过实验研究发现，在面对面互动时，情绪压制会减少人际反应，增加对方消极认知和敌对行为。压制情绪的个体更少地与同伴分享积极和消极情绪，因而较难与他人建立情感联结，更少地获得他人支持，而这会增加个体自身压力。此外，个体情绪压制还会影响配偶满意度。例如，Levenson 和 Gottman（1985）研究发现，当丈夫和妻子不能回应对方消极情感时，会降低对配偶的婚姻满意度。

针对情绪压制研究集中在对其前因和结果变量方面，前因变量主要涉及性别、种族和人格。结果变量涉及认知能力、焦虑、抑郁和创伤后应激障碍等压力状况，以及消极的人际反应和人际关系。有关领导行为与情绪压制研究基本上还处在理论阶段，实证研究非常匮乏。本书探讨情绪压制对家长式领导与下属工作-家庭冲突之间的中介作用，以深化对家长式领导作用机制的理解。

第四节　工作-家庭冲突述评

工作-家庭冲突是学术和实践领域关注的重要研究议题，已取得较为丰富的研究成果，为缓解企业员工工作-家庭冲突提供了有价值的管理实践。本节论述工作-家庭冲突的概念测量、诱因、影响结果和有关理论发展。

一、工作-家庭冲突的概念

工作-家庭冲突（work-family conflict）是指个体因为工作角色而无法兼顾家庭角色而产生的一种角色冲突（Greenhaus and Beutell，1985）。同样地，家庭角色也会干扰工作，即家庭-工作冲突（family-work conflict）。Frone 等（1992）实证研究发现，相比家庭-工作冲突，员工会更频繁和强烈地经历工作-家庭冲突。工作-家庭冲突有三种类型：基于时间的工作-家庭冲突，基于压力的工作-家庭冲突和基于行为的工作-家庭冲突。其中，基于压力的工作-家庭冲突是最主要的工作-家庭冲突类型（Greenhaus and Beutell，1985）。

二、工作-家庭冲突的实证研究

（一）工作-家庭冲突的测量

Frone 等（1992）开发的工作-家庭动态关系量表，共有 4 道题项，其中 2 道测量工作-家庭冲突，代表性题项为："你的工作占用了你本想和家人待在一起的时间的频率是多少？"。2 道测量家庭-工作冲突。代表性题目为："你的家庭生活占用了你本想用来参加与工作或职业有关活动的频率是多少？"，量表采用李克特 5 点计分。工作-家庭动态关系测量应用最为广泛的量表是 Netemeyer 等（1996）开发的量表，该量表包含 10 道题项，其中 5 道测量工作-家庭冲突，代表性题项为"由于工作要求，我的家庭生活受到干扰"。另外 5 道测量家庭-工作冲突，代表性题项为"由于家庭方面的原因，我很难全身心投入工作"，采用 6 点李克特计分。Carlson 等（2000）根据工作-家庭冲突的三种类型，开发了时间、压力和行为三个维度的量表，每个维度包含 3 道题项，共有 9 道题目，代表性题项为："工作占用我大量的时间，使我难以履行家庭责任""我有时回家后感到工作中的压力太大而无法去做我喜欢的事情""我在工作上解决问题的做法对解决家庭问题没有帮助"，采用李克特 6 点计分。Mesmer-Magnus 和 Viswesvaran（2005）在比较了多个量表后，发现 Frone 等（1992）等的量表相比其他量表，有更高的区分效度。考虑到 Netemeyer 等（1996）编制的量表构建过程更为缜密（张勉等，2011），并且简洁清楚，本书采用 Netemeyer 等（1996）编制的量表作为研究工具。

（二）工作-家庭冲突的诱因

工作-家庭冲突的诱因可以分为三类：工作领域变量、家庭领域变量和个体特征变量（见表 2-6）。其中，工作领域变量是工作-家庭冲突的主要诱因（French et al.，2018）。

表 2-6 工作-家庭冲突的诱因

诱因		工作-家庭冲突
工作领域	工作特征	工作要求、工作负荷、工作自主性、灵活的工作时间
	角色压力源	角色模糊、角色冲突、角色超载
	社会支持	组织支持、上司支持、家庭友好政策
家庭领域	人口统计学变量（家庭）	婚姻状态、是否有小孩
	社会支持	配偶支持
个体特征	人口统计学变量（个体）	年龄、教育水平、职业、企业性质
	个性特征	性别角色观、消极情绪、神经质人格、积极情绪、宜人性、尽责性、自我效能感、内控型

资料来源：笔者依据相关文献整理。

1. 工作领域变量

现有研究涉及的变量主要包括工作特征、角色压力源和社会支持。其中，工作特征涉及工作要求、工作负荷、工作自主性和灵活的工作时间等变量；工作角色压力源涉及的变量主要包括角色模糊、角色冲突和角色超载；社会支持涉及的变量包括组织支持、上司支持和家庭友好政策等（林忠等，2013）。根据工作要求-资源模型（job demands-resources model，JD-R 模型），可将工作负荷、角色模糊、角色冲突和角色超载等因素归为工作要求，显著的正向预测工作-家庭冲突，而工作自主性、灵活的工作时间、组织支持、上司支持、家庭友好政策等因素可归为工作资源，显著的负向预测工作-家庭冲突（Michel et al.，2011；李爱梅等，2015）。Aryee 等（1999）对中国香港 10 家企业的研究发现，员工的工作负荷与工作-家庭冲突有关，工作负荷越大，员工工作-家庭冲突越严重。此外，Byron（2005）通过元分析发现，组织支持、主管支持、同事支持和灵活的工作时间对员工的工作-家庭冲突有显著的负向作用。Foley 等（2005）对中国香港 877 名教会工作人员的研究发现，组织支持会降低员工的工作-家庭冲突。此外，Thompson 等（1999）对 276

名经理和员工的研究显示，组织的工作-家庭文化对员工工作-家庭冲突有显著的负向预测作用。

2. 家庭领域变量

尽管家庭领域的变量对家庭-工作冲突的作用强于工作-家庭冲突（Byron，2005），但相关研究仍然显示，一些家庭领域的变量也与员工的工作-家庭冲突有关。例如，婚姻状态、是否有小孩以及配偶是否提供支持等。Byron（2005）通过元分析发现，已婚或者未婚的婚姻状态与工作-家庭冲突的关系不存在显著差异，但单亲父母比已婚父母经历更多的工作-家庭冲突。Carlson（1999）对 225 名员工的研究显示，有孩子的父母也比没有孩子的父母经历更多的工作-家庭冲突。Aycan 和 Eskin（2005）通过对双职工家庭的 237 名母亲和 197 名父亲的研究显示，配偶支持对个体工作-家庭冲突有显著的负向预测作用。

3. 个体特征变量

现有研究涉及的主要变量包括人口统计学变量和个性特征变量。人口统计学变量涉及年龄、教育水平、职业性质和员工所在企业的性质等因素；个性特征涉及性别角色观念、消极情绪、神经质人格和宜人性人格等因素。

在人口统计学变量中，年龄是预测工作-家庭冲突的重要变量。Matthews 等（2010）的研究显示，在 28 岁及以下、29~45 岁、46 岁及以上这三个年龄阶段员工经历的工作-家庭冲突存在明显差异。教育水平也是预测个体工作-家庭冲突的重要变量。例如，Schieman 和 Glavin（2011）的研究显示，受到良好教育的个体拥有高收入的同时，工作压力也随之增加，会经历更多的工作-家庭冲突。高中学历以下个体由于工作不稳定也会经历更多的工作-家庭冲突。职业性质也是预测个体工作-家庭冲突的重要变量。例如，Jackson 和 Maslach（1982）对 142 对警察和他们配偶的研究显示，高压力的职业（如警察）会使人们减少对家庭事务的投入，更容易引发他们的工作-家庭冲突。此外，企业性质也会影响员工的工作-家庭冲突。例如，刘云香和朱亚鹏（2013）认为，由于在我国不同性质的企业对劳动法和员工福利的落实情况差异较大，企业性质也会对员工的工作-家庭冲突产生影响。

个性特征影响个体对环境的感知与反应，会减少或增加个体对工作-家庭冲突的感知。性别角色观是工作-家庭冲突研究中的热点问题（Eby et al.，2005）。Minnotte 等（2013）研究发现，在"男性赚钱养家，女性照顾家庭"的性别角色观念影响下，男性更多地感知到工作-家庭冲突，而女性更多地感知到家庭-工作冲突。Bakker（2008）在对荷兰 168 对双职工配偶的研究显示，在平等性别角色观影响下，男女两性的工作-家庭冲突不存在性别角色差异。除性别因素外，消极的个体特征，如消极情绪、神经质人格等的个体更容易经历工作-家庭冲突，而积极的个体特征，如拥有积极情绪、内控型人格等的个体较少经历工作-家庭冲突（Allen，2012）。例如，Bruck 和 Allen（2003）研究显示，神经质人格对工作-家庭冲突有显著的正向预测作用，而宜人性人格更容易获得社会支持，因而对工作-家庭冲突有显著的正向预测作用。Andreassi 和 Thompson（2007）研究发现，内控型人格与工作-家庭冲突显著负相关。Wayne 等（2004）通过对 2130 个随机样本的研究显示，尽责性对工作-家庭冲突有显著负向预测作用。

（三）工作-家庭冲突的影响结果

现有研究涉及的主要变量包括工作领域变量，家庭领域变量和与压力有关的变量（Allen et al.，2000）。其中，工作领域变量是主要的结果变量（Amstad et al.，2011）（见表 2-7）。

表 2-7　工作-家庭冲突的结果变量

工作领域	态度	工作满意度、外派满意度、组织承诺、离职意愿、工作效能感、工作生活质量
	行为	离职行为、工作中的家庭干扰、工作迟到、工作缺勤、积极组织行为、绩效

续表

家庭领域	态度	婚姻满意度、生活满意度、家庭满意度
	行为	家庭表现
	健康	家庭压力
与压力有关	心理压力	焦虑、倦怠、耗竭、抑郁、职业压力、心理压力、人际压力
	行为	酗酒行为、药物滥用
	健康	身体压力、食欲不振、疲劳、身体健康

资料来源：笔者依据相关文献整理。

1. 工作领域变量

工作领域变量又可分为工作态度和工作行为，学者们对其进行了广泛的研究。工作满意度是学者关注最多的工作态度方面的结果变量（Allen et al.，2000）。例如，徐长江等（2010）通过对中小学教师的研究发现，工作-家庭冲突是工作满意度的关键预测变量。Netemeyer 等（1996）研究显示，工作-家庭冲突对员工组织承诺有显著的负向预测作用。Lyness 和 Thompson（1997）研究还发现，工作-家庭冲突对员工情感承诺有显著的负向影响，对员工持续承诺有显著的正向预测作用，但与员工规范承诺无关。

工作-家庭冲突会影响员工的离职意愿和离职行为。研究发现，员工工作-家庭冲突与员工离职意愿正相关（Netemeyer et al.，1996；邝颂东等，2009）。Greenhaus 等（1997）也发现，员工工作-家庭冲突与员工实际离职率正相关。另有研究表明，员工工作-家庭冲突对员工的工作退缩行为有显著的正向影响。妻子工作-家庭冲突与妻子工作中的家庭干扰（family interruptions at work）和工作迟到有关，丈夫工作-家庭冲突与丈夫工作中的家庭干扰有关，但丈夫和妻子工作-家庭冲突与工作缺勤无关（Hammer et al.，2003）。而且，工作-家庭冲突会降低员工的积极组织行为（张伶和聂婷，2011）和工作绩效（Allen et al.，2000）。此外，邓子鹃（2013）研究显示，工作-家庭冲突会降低员工工作效能感，进而降低员工工作生活质量。

2. 家庭领域变量

现有研究涉及的主要变量包括婚姻满意度、家庭满意度和生活满意度等。其中，生活满意度是最常见的结果变量（Adams, et al., 1996；佟丽君和周春森，2009）。Amstad 等（2011）通过元分析发现，工作-家庭冲突对个体婚姻满意度、家庭满意度和家庭表现有显著负向影响，但对家庭压力有显著正向影响。

3. 与压力有关的变量

工作-家庭冲突会增加心理压力，影响个体心理和身体健康，例如，研究发现工作-家庭冲突会增加个体焦虑和倦怠（Beatty, 1996；张伶和胡藤，2007）。Canivet 等（2010）调查了45~64岁的2726名男性和2735名女性，发现工作-家庭冲突是工作耗竭（exhaustion）的重要预测变量，并且工作-家庭冲突对女性工作耗竭的预测作用明显强于男性对工作耗竭的预测作用。Matsui 等（1995）发现已婚女性的工作-家庭冲突与她们的职业压力、心理压力、人际压力和身体压力均相关。另有研究表明，工作-家庭冲突还会导致食欲不振、疲劳，影响身体健康（Frone et al., 1996）。值得注意的是，研究还发现，工作-家庭冲突还与个体抑郁、酗酒行为和药物滥用有关（Frone et al., 1994；Frone et al., 1992；Grzywacz and Bass, 2003；金家飞等，2014）。可见，工作-家庭冲突对员工的健康和福祉造成了很大影响。

三、工作-家庭冲突的理论发展

工作可以提供收入，也可以实现自我价值。家庭满足人们快乐、休息和繁衍后代的需要。人们在工作和家庭领域按照不同的规则生活。近年来，随着市场竞争加剧，工作要求与工作压力与日俱增，工作对家庭的冲突日益频繁，这引起学者们的关注。学者们对工作和家庭的关系进行了广泛而深入的理论探索。综观现有研究，学者们对工作和家庭关系的认识经历了从静态到动态，从表象到本质的过程。下文将按照静态理论和动态理论对工作和家庭的关系进行论述。

（一）静态理论

早期学者对工作与家庭关系的探索主要基于三个理论：溢出（spillover）、补偿（compensation）和分割（segmentation）（Westman，2001）。

1. 溢出理论

溢出理论是指个体将工作体验（如情感、态度、行为等）带入家庭领域，最终使工作和家庭生活呈现相似的状态（Staines，1980）。工作-家庭冲突是工作领域的压力向家庭领域的消极溢出，即人们在工作领域承担的角色压力过大，溢出到家庭领域，从而影响他们家庭角色的实现，引发人们经历工作-家庭冲突（Greenhaus and Beutell，1985）。溢出效应表明，个体工作与家庭体验密切相关。综上所述，溢出效应是个体工作体验和家庭体验的相互传递（Edwards and Rothbard，2000）。

2. 补偿理论

补偿理论是描绘人们如果在工作或者家庭领域不能获得满足，将努力在另一个领域（家庭或者工作领域）获得满足的心理过程（Staines，1980）。人们一般采取两种补偿方式：一种是增加获得满足领域里的投入，减少不能获得满足领域里的投入（即止损）；另一种是寻求工作或者家庭领域里的奖励，以补偿对家庭或工作领域的损失（Edwards and Rothbard，2000）。而第二种补偿方式还可以分为两种：一是称为补充式补偿，是指人们如果在一个领域（工作或者家庭领域）得不到足够的报酬就会从另一个领域寻求弥补。例如，个体如果在工作中没有自主就会在家庭里寻求自主作为弥补。二是反应式补偿，是指当人们在工作或者家庭领域体验不佳就会在家庭或者工作领域寻求相反的体验。例如，在一天忙碌工作后就想在家里休息（Edwards and Rothbard，2000）。

3. 分割理论

分割理论指出，工作和家庭领域具有功能不同和时空分离的特性，因而可以将工作和家庭视为两个相互独立的领域。分割理论提出后，一些学者提出反对意见，他们认为，工作和家庭领域是紧密联系的，简单将两者加以区隔，并不能反映真实情况。分割理论为如何看待工作和家庭的关系提供了一个新的视角，该视角较多运用在缓解工作－家庭冲突的个体管理策略中（Lambert，1990）。例如，人们可以通过在工作领域减少与家庭有关的想法、情绪与行为，在家庭领域尽量不去想与工作有关的事情，不将工作中产生的消极情绪带到家庭里，在家庭里也不去做未完成的工作。

综上所述，工作和家庭之间既存在相互分离和独立的一面，又存在相互作用和联系的一面。溢出理论和补偿理论反映了工作和家庭的联系，分割理论反映了工作和家庭的分离和独立。其中，溢出理论得到广泛的支持，补偿理论是对溢出理论的补充（Ferguson，2012）。溢出理论反映个体在工作和家庭领域相似的变化，而补偿理论反映工作和家庭领域相分离的变化，即愈来愈显示差异化。例如，溢出理论反映在工作中的态度、情绪和行为一般与家庭领域的态度、情绪和行为正相关，对工作的主观反应与对家庭的主观反应正相关（Staines，1980）。而补偿理论反映在工作中投入过多，就会在家庭领域投入变少，而且更不容易远离工作。

（二）动态理论

1. 工作－家庭边界理论

尽管溢出理论、补偿理论和分割理论使我们加深了对工作和家庭关系的认识，但溢出理论和补偿理论聚焦在个体反应上，在静态层次上诠释工作和家庭关系，对个体如何平衡工作和家庭作用有限。美国学者 Clark（2000）提出了工作－家庭边界理论，阐述了在工作和家庭领域之间存在边界，这种边界涉及物理边界、世俗边界和心理边界三种形式。在工作和家庭领域的个体是边界跨越者或者是边界维持者。工作-家庭边界理论主要包括以下三个方面内容：

（1）工作与家庭领域。

工作与家庭是两个完全不同的领域。人们在这两个领域遵循不同的规则，表现出不同的思维模式与行为。工作与家庭领域的不同体现在价值终端差异与实现手段差异两个方面（Rokeach，1973）。工作提供收入，给予人们成就感；而家庭生活满足亲密关系和个体幸福的需要。为实现目标，组织会鼓励一些特定的思维方式和行为。例如，层级制组织提供员工更少的决策机会，鼓励员工压制情绪、表现友好、多做事情。员工也需要给领导和同事留下"有能力"和"负责任"的印象，金钱报酬作为工作关系的基础。而在家庭中更强调表现出个体真实的情绪，表现更多的给予行为，爱是家庭关系的基础。

（2）工作与家庭的边界。

边界是对工作和家庭领域相关行为的界限划分（Clark，2000），涉及物理边界、时间边界和心理边界三种形式。工作场所的围墙属于物理边界，工作时间的设定，如开始工作和结束工作的时间是时间边界。个体创建的规则，如使个体思维模式、行为模式和情绪适合工作领域而不适合家庭领域（工作领域→家庭领域）可称作心理边界。心理边界不仅受人们认知的影响，也受物理边界和时间边界的影响。

工作与家庭边界具有两种基本特征：渗透性（permeability）和灵活性（flexibility）。物理边界、时间边界和心理边界都具有渗透性。例如，个体在办公室工作，办公室房门构成工作领域的物理边界，办公时间构成工作领域的时间边界。相比物理边界和时间边界，心理边界的渗透更容易发生，但也容易引起忽视。常见的工作对家庭心理边界渗透包括个体将工作中的消极情绪、态度带入家庭领域。工作和家庭边界的灵活性是指受工作领域中工作要求的影响，家庭边界可以收缩或者扩展的程度（工作领域→家庭领域），或者受家庭领域中家庭要求的影响，工作边界可以收缩或者扩展的程度（家庭领域→工作领域）。如果个体可以自己选择工作地点，物理边界就具有灵活性。同样，如果个体可以自己选择工作时间，时间边界就具有灵活性。心理边界的灵活性是指个体能够在家里想着工作的事情，或者在工作的时候想着家里的事情，想法和情绪在工作和家庭领域自由流动。

当工作和家庭边界的渗透性和灵活性增加时，就形成了工作和家庭的混合边界。在混合边界上很难区分出工作领域还是家庭领域。例如，个体工作时间在家里一边工作，一边照顾孩子，或者个体在工作中运用家庭经验，或者在家庭生活中运用工作经验。当工作和家庭领域要求差异较大时，工作和家庭要求的冲突会增加边界参与者压力，产生身份困扰（Clark，2000）。而当工作和家庭领域要求差异较少时，工作和家庭边界混合会实现增益。

渗透性、灵活性和混合性共同决定了工作和家庭边界的强度。工作和家庭边界渗透性差、灵活性弱，很难混合的边界被称为强边界。相反，工作和家庭边界渗透性好、灵活性强，较易混合的边界被称为弱边界。绝大多数个体工作和家庭的边界都是弱边界，工作很容易影响家庭。

（3）边界跨越者与边界维持者。

边界跨越者是指个体同时在工作领域和家庭领域活动（高中华和赵晨，2014）。边界维持者是指处于工作或者家庭某一领域的个体，如员工的领导和同事是员工在工作领域边界的维持者，而配偶则是员工在家庭领域边界的维持者。如果员工（边界跨越者）与管理者或者配偶（边界维持者）对工作和家庭的边界认知不同（即对该领域的要求和期望不同），就会产生工作-家庭冲突，或者家庭-工作冲突。因而，员工（边界跨越者）需要与管理者或者配偶（边界维持者）沟通，形成较为一致的边界认知，从而减少工作和家庭领域的冲突。

综上所述，相比溢出、补偿和分割理论，边界理论以动态的视角生动而准确地剖析了工作和家庭冲突形成的原因以及相互作用的过程，从而为有效地减少工作-家庭冲突提供了针对性的措施。

2. 工作-家庭角色理论

角色是对处于社会结构中的个体所应该具有的一系列行为的期望（Ivey and Robin，1966）。社会中的个体需要扮演多种角色。对于个体所扮演角色之间的关系存在冲突和增益两种假说，形成了角色稀缺理论和角色累积理论两种不同的理论假说。

（1）角色稀缺理论假说（role scarcity hypothesis）。

角色稀缺假说建立在角色理论的基础上，阐述了受稀缺性资源影响，工作-家庭冲突的本质是为满足工作角色期望和家庭角色期望的角色资源冲突。根据角色理论，角色期望（role expectations）是指个体对其需要承担的角色责任的认知（Duxbury and Higgins，1991）。个体角色期望来自个体自身对角色责任的认知以及他人对个体自身角色责任的认知（Ivey and Robin，1966）。当个体认知到较高的工作期望时，个体在工作领域会投入更多的时间和精力。同样，当个体认知到较高的家庭期望时，个体在家庭领域会投入更多的时间和精力。值得注意的是，对工作的角色期望会造成工作角色超载，引发工作角色压力。同样地，对家庭的角色期望会造成家庭角色超载，引发家庭角色压力。特别地，角色期望引发的压力会支配个体时间和精力投入到高角色期望的领域，从而影响履行另一角色的角色期望。根据角色稀缺假说，形成工作-家庭冲突的关键条件是个体拥有实现角色期望的资源是固定的，而非可延展性资源。也就是说，个体拥有的资源是有限的（如时间、精力），因而个体在实现工作角色过程中，消耗的时间、精力等资源，会影响其家庭角色的履行（Zheng and Powell，2012），进而造成他们工作-家庭冲突。很多学者支持角色稀缺假说，认为工作和家庭之间的角色冲突是不可避免的（Ruderman et al.，2002）。

（2）角色累积假说（role accumulation hypothesis）。

角色累积是指个体参与多种角色，拥有多种资源（如时间、能力等），这些资源被视作可延展性资源，因而个体参与多种角色获得的资源将会超过工作角色带来的要求（Sieber，1974）。学者们认为，个体参与多重角色会带来：①角色特权（role privilege）。每种角色都具有一定的角色权力，因而个体参与的角色越多，就越能享受较多的角色权力。②角色压力缓解（distress buffer）。个体参与一种角色压力可以在参与另一种角色时得到缓解，从而减轻角色压力。③地位增强（status enhancement）。个体参与角色获得的资源超过工作要求所带来的成本。使个体对其他角色都表现出更大的价值。④人格丰富（personality enrichment），个体参与多种角色会增加对不同观点的容忍性，满足不同合作伙伴利益需求会获得灵活性（Kirchmeyer，1992；Greenhaus and Powell，2006）。值得注意的是，个体参与多种角色并不一定会为个体带来积极结果，带来积极结果的一个前提是个体参与的角色质量较高（Kirchmeyer，1992）。

综上所述，工作-家庭边界理论和工作-家庭角色理论从不同视角揭示了工作和家庭之间的关系，为更好地理解工作-家庭冲突产生的原因、发生的过程提供了理论指导，也为实践领域寻求缓解员工工作-家庭冲突的措施提供了理论线索。

第三章　理论基础和研究假设

第二章系统地梳理了家长式领导、工作控制、情绪压制和工作-家庭冲突的概念内涵、测量、相关理论和实证研究。本章依据第二章的理论发展和实证研究，结合本书的研究问题，构建理论框架，并提出研究假设。

第一节　理论基础

本节阐述了有关的理论模型，涉及的理论模型包括工作要求-控制模型、资源保存理论和工作要求-资源模型这些工作压力模型，以及社会信息处理理论。工作要求-控制模型是最早开始研究工作压力的模型，该模型已经开始考察工作资源的价值，提出工作控制是缓解工作压力的关键资源。自此学者们日益关注工作资源对工作压力的影响，资源保存理论在此背景下日益受到学者们的重视。工作要求-资源模型基于以往学者研究，同时考察了工作要求和工作资源，为应对工作压力提供了新思路。此外，研究将社会信息处理理论作为桥梁，将领导行为与员工工作压力连接起来。本书依托工作要求-资源模型和社会信息处理理论，从下属的视角提出本书的理论框架，具体而言，家长式领导影响下属的工作控制（认知控制）和下属的情绪表达（情绪控制），进而影响下属工作-家庭冲突。

理论模型

工作-家庭冲突的本质是工作领域产生的压力对家庭领域的影响。本书首先介绍三个影响广泛的工作压力模型：一是 Karasek（1979）提出的工作要求-控制模型，该模型将产生工作压力的原因归结为工作要求与工作控制不匹配，即过高的工作要求和过少的工作控制。二是 Hobfoll（1989）提出的资源保存理论是从个体资源保护的角度阐述工作压力产生的原因。三是 Demerouti 等（2001）在资源保存理论基础上，结合 Karasek 的工作要求-控制模型，提出的工作要求-资源模型。在此之后，本书介绍社会信息处理理论，用以解释员工在与领导互动过程中（外在工作环境）的各种心理反应。

（一）工作要求-控制模型

Karasek（1979）提出工作要求-控制模型（JD-C Model）。该模型阐述工作要求和工作控制的交互作用会预测工作压力（见图 3-1）。该模型基于两个基本假设：第一个是压力假设，即个体认知到的压力随工作要求的增加而增强，这一过程产生的压力也与工作控制有关。当工作要求高，工作控制低时，个体将认知到最高的压力。第二个是缓冲假设，即工作控制作为一种再生资源，能够减少工作要求产生的压力对员工心理健康的负向作用。高要求-高控制的工作会激发个体积极工作。从以上阐述可知，工作要求-控制模型认为有两种工作特征会使个体产生压力，影响个体职业健康。一是工作要求，即下属感知到的工作压力源；二是工作控制，即下属感知到的对自身工作和技能的控制水平。JD-C 模型预测的结果变量主要涉及心理健康状况、生理健康状况，以及工作和组织结果。其中，心理健康和幸福状况涉及情绪衰竭、抑郁、焦虑、倦怠和工作-家庭冲突等。身体健康状况涉及服药量、心血管疾病和酗酒行为等。工作和组织结果变量涉及工作满意度、组织承诺和工作绩效等方面（Karasek，1979；吴亮等，2010）。Karasek（1979）提出的 JD-C 模型减少了以往研究中将工作要求和工作控制混为一谈，导致研究结果并不一致的现象。因而，该模型对影响下属压力因素的理解更为准确和精细，增加了研究结果的一致性和有效性（吴亮等，2010）。JD-C 模型是职业健康研究领域重要的研究成果之一，为后续开展工作压力的研究奠定了坚实的理论基础。John 和 Hall（1988）进一步发展了 Karasek（1979）的模型，他们在 Karasek（1979）模型的基础上，加入了社会支持（如组织支持、配偶支持等），形成工作要求-控制-支持模型（JD-CS 模型），其中，工作要求和工作控制与 Karasek（1979）模型中的概念界定一致。

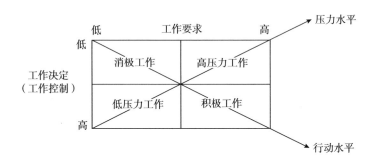

图 3-1　工作压力模型

资料来源：Karasek（1979）。

（二）资源保存理论

Hobfoll（1989）提出了资源保存理论（conservation of resource，COR），该理论的核心思想为，人们总是努力获取、保存和保护个人资源，任何潜在或者实际的资源损失都会使个体产生压力。依据资源保存理论，在组织中，下属心理压力是对工作环境的反应，当工作环境没有向下属提供资源支持时，下属就会产生心理压力。个体资源是指个体看重的有形或者无形的资源。Hobfoll（1989）将个体资源分为四类：第一类是物质型资源，如住房、汽车等；第二类是状态型资源，如任期、资历和权力等；第三类是个体特征型资源，如控制感、自尊和乐观等；第四类是能源型资源，如时间、金钱与知识等。值得注意的是，缺少资源的个体更容易损失资源，并且影响个体在未来保存资源，造成资源持续减少，形成资源损耗螺旋（loss spirals）。资源保存理论是解释组织情境中，产生压力的最具影响力的理论之一，为后来提出的工作要求-资源模型提供了理论基础。

（三）工作要求-资源模型

Demerouti 等（2001）提出工作要求-资源模型（JD-R Model）（见图3-2）。该模型将工作特征分为工作要求和工作资源两大类，工作要求和工作资源交互作用产生的压力对人们的心理、生理、工作和组织结果具有显著的预测作用（Demerouti et al.，2001）。JD-R 模型细致地阐述了两种心理过程：一是过高的工作要求会持续消耗下属的心理和身体资源，从而导致下属焦虑、耗竭，损害他们的身心健康，影响组织绩效。二是充足的工作资源能引发下属工作动机，带来高工作投入，降低离职率，产生高绩效。基于这两种心理过程形成两种假设：第一个假设是工作要求带来工作压力；第二个假设是工作资源能缓解工作要求带来的工作压力，特别地，充分的工作资源会激发下属工作动机，为下属个体和所在组织均带来积极作用（Bakker and Demerouti，2007）。JD-R 模型能够预测个体心理健康的结果变量包括幸福感、倦怠和耗竭；生理健康结果变量包括心血管疾病；工作和组织结果变量包括离职率、组织承诺和工作绩效等（Demerouti et al.，2001；Bakker and Demerouti，2007）。

综上所述，JD-C 模型与 JD-R 模型是职业健康领域具有广泛影响的研究模型。相比以往的研究，JD-C 模型的预测变量更为精细，但未能全面考察工作特征对下属压力的影响。JD-R 模型则广泛探索了不同工作特征对下属压力

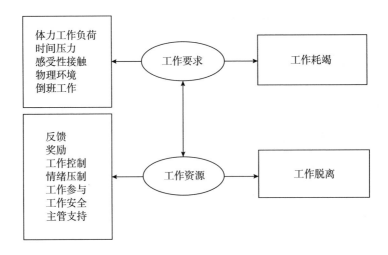

图3-2 工作要求-资源模型

资料来源：Demerouti 等（2001）。

的影响，在广泛的职业领域（如教师、医生、工人、警察等）中得到了实证验证。

（四）社会信息处理理论

Salancik 和 Pfeffer（1978）最初提出了社会信息处理理论框架，用以解释工作环境如何形成员工的各种反应。该理论显示，人们可以自发地适应外在环境，他们一般根据外在环境，改变自己的态度，调节自己的行为。该理论认为，个体直接接触的外在工作环境向其提供两类信息：第一类信息是个体从外在环境直接获取的信息，用以解释事件和事件线索；第二类信息是个体通过对第一类信息进行编码和相应的解释，最后主动采取适应性的行为表现。社会信息处理理论通常用以解释个体所获得的社会信息是否以及为何影响人们的认知、态度和行为。

Zalesny 和 Ford（1990）进一步细化了 Salancik 和 Pfeffer（1978）提出的社会信息处理理论，将社会信息影响人们行为的过程归结为学习过程、归因过程和判断过程，加深了人们对工作环境影响员工态度和行为的理解。

第二节 理论框架

本书基于 JD-R 模型，并整合社会信息处理理论，从下属认知和情感视角构建出研究的理论框架，如图 3-3 所示。具体而言，本书从下属视角提出工作控制（认知路径）和情绪压制（情感路径）是解释家长式领导与下属工作-家庭冲突关系的两个重要中介机制。其中，工作控制是下属对工作任务和工作行为的自主决定（Karasek，1979）。工作控制是工作领域最重要的一种工作资源，获得学者广泛研究。情绪压制是下属在情绪唤起时，有意识地抑制自己的情绪表达（Gross，2002；Gross and Levenson，1993）。根据 JD-R 模型，过高工作要求会消耗下属的身心资源，而缺乏完成工作要求的工作资源也会消耗下属身心资源。工作控制作为一种有效的工作资源，能够缓解下属工作-家庭冲突。情绪压制是个体监控和抑制自己的情绪表达，这个过程与人们的内在倾向相冲突，需要下属付出额外的努力，克服情绪表达的倾向（Gross，2002），情绪抑制过程是一个自我资源的消耗过程，给下属带来极大的压力，消耗下属身心资源，引发下属工作-家庭冲突。而且，根据社会信息处理理论，下属在与家长式领导互动过程中，会对威权领导、仁慈领导和德行领导行为的关键行为特征进行解读与推断，从而指导自己面对家长式领导时的反应和行为（Salancik and Pfeffer，1978）。

具体而言，威权领导表现出专权作风，要求下属绝对服从，不与下属分享工作信息，对下属工作过程严密控制，还会贬低下属工作贡献，斥责下属工作表现（郑伯埙等，2000）。当面对威权领导时，下属通过对威权领导行为的解读，更可能表现出被动地顺从领导的行为，因而认知到较少工作控制；而且，

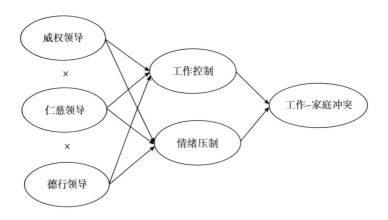

图 3-3　研究理论模型

威权领导行为会引发下属消极情绪，如恐惧、愤怒等（吴宗祐等，2002）。通过对威权领导行为的判断，为了维持与领导的关系，下属亦可能表现出压制这些消极情绪的行为。具体而言，下属对表达自己真实想法和情绪存在顾虑（Mo and Shi，2017），所以在与威权领导互动时，下属更愿意压制自己的真实情绪，不表达出来。

仁慈领导对下属嘘寒问暖，在工作中为下属提供有效的工具和情感支持，关心下属家庭生活。在与仁慈领导互动时，下属通过对仁慈领导行为的解读，推断仁慈领导关心他们，愿意向他们提供尽可能多的工作资源，因而增加自己对工作的控制感。而且，下属会感激仁慈领导将他们视为家人，以及对他们工作的帮助与支持。当与仁慈领导互动时，下属对仁慈领导行为进行判断，推断仁慈领导帮助和照顾下属，因而下属在仁慈领导面前表达自己真实情绪的顾虑较少，即面对仁慈领导时，下属较少压制自己的情绪。

德行领导被认为是威权领导和仁慈领导行为发挥有效作用的基石。德行领导在行为上表现出以身作则、公私分明、对待下属一视同仁、不占下属便宜、主动承担工作责任等行为。当德行领导与下属互动时，下属会对德行领导行为进行解读，因而认同德行领导行为，并将德行领导视为自己学习的榜样，在完成工作任务时下属能有效地与德行领导沟通，获取工作资源（Mo and Shi，2017），因而有较强的工作控制感。德行领导主要通过下属对领导的认同效法影响下属行为（务凯等，2016）。领导具有分配资源和决定奖惩的权力，这会增强下属对领导行为的认同和效仿。例如，德行领导会运用手中的权力为下属设定明确的行为准则，奖励下属采用合乎道德准则的行为，处置下属有损于道德的行为（王安智，2014）。德行领导作为下属的道德行为榜样，当与德行领导互动时，下属可能会担心自己的行为不能达到道德领导的要求，而自己表现出来的真实情感反应，可能会被德行领导解释为有损于道德的行为，因而在与德行领导互动时，下属倾向压制自己的情绪，从而增加情绪压制行为。

此外，樊景立和郑伯埙（2000）认为，尽管家长式领导包含威权、仁慈和德行三种领导行为，对家长式领导行为的研究既可以分别独立地研究这三种领导行为，又可以研究这三种领导行为的交互作用。已有对家长式领导实证研究也因而出现两种趋势：一种是分别、独立地研究家长式领导中某一种领导行为，如单独研究威权领导、仁慈领导或者德行领导（张燕和怀明云，2012；李锐等，2015）；另一种是将家长式领导作为一种整体领导行为，研究家长式领导中三种领导行为的交互效应（周浩和龙立荣，2007；常涛等，2016）。本书一方面将家长式领导中的三种领导行为分别研究，通过分别探索家长式领导中三种领导行为对下属心理过程的影响，揭示三种家长式领导行为与下属工作-家庭冲突的关系。另一方面基于家长式领导产生的文化根源，将家长式领导中三种领导行为视为一种整体领导行为，对其进行交互效应研究，深化对家长式领导和下属工作-家庭冲突关系的理解。家长式领导中不同行为的交互作用会使下属心理过程发生变化，使下属产生不同的压力感受，而传递到家庭领域，影响下属工作-家庭冲突。

综上所述，在本书理论模型中，基于工作要求-资源模型，并整合社会信息处理理论，将工作控制（认知路径）和情绪压制（情绪路径）作为家长式领导行为影响下属工作-家庭冲突的中介机制，探索家长式领导行为和下属工作-家庭冲突关系。首先，考察家长式领导与下属工作-家庭冲突的关系[1]；其次，探索家长式领导三种领导行为通过下属工作控制与情绪压制，对下属工作-家庭冲突的作用；最后，探索家长式领导行为交互项通过工作控制和情绪压制，影响下属工作-家庭冲突。

第三节　研究假设

本书在以往的研究基础上，探索家长式领导行为和下属工作-家庭冲突的关系，并从下属视角出发（工作控制和情绪压制），结合社会信息处理理论，探讨家长式领导对下属工作-家庭冲突影响的作用机制，并在上述研究基础上，进一步探索家长式领导的交互效应与下属工作-家庭冲突的关系。

一、家长式领导对工作-家庭冲突的作用

（一）威权领导对工作-家庭冲突的作用

威权领导强调"专权"与"控制"，具体表现涉及专权作风、贬抑部属能力、形象整饬和教诲行为这四种领导行为（曾楚宏等，2009；郑伯埙等，2000）。其中，威权领导专权作风涉及的行为包括不愿授权、下行沟通、独享信息与严密控制。贬抑部属能力涉及的行为包括漠视下属建议，贬抑下属贡

----

[1] 此处探讨威权领导和仁慈领导与下属工作-家庭冲突的关系。德行领导与下属工作-家庭冲突并无直接关系，详细论述请参见本书第90页。

献。形象整饬涉及的行为包括维护领导尊严等。教诲行为涉及的主要行为包括要求高绩效、斥责低绩效，以及为下属提供指导。威权领导上述专权行为会造成下属难以从威权领导处获得完成任务所需要的信息，增加了下属有效完成工作任务的难度，增加了员工工作要求，这会持续损耗下属资源（曾楚宏等，2009）。而威权领导漠视下属建议、贬抑下属贡献的领导行为则会引起下属的消极情绪，耗损下属心理资源。此外，威权领导还会向下属提出高绩效的工作要求。这些增加下属工作要求，耗损工作资源的领导行为都会增加下属的工作压力，溢出到家庭领域，引发下属工作-家庭冲突。

威权领导与下属工作-家庭冲突的关系可以通过 JD-R 模型加以阐释，该模型表明，过高的工作要求将持续消耗下属心理资源和身体资源，而缺乏工作资源会增加下属完成工作的难度，这两者共同引发了下属资源损耗过程，导致下属增加工作压力（strain）、工作倦怠（burnout）和工作-家庭冲突（Demerouti et al.，2001；Michel et al.，2011；李爱梅等，2015）。其中，工作要求与一定的生理和心理成本有关（Demerouti et al.，2001；Perry et al.，2010）。工作资源是指与工作有关的身体、心理、社会或组织方面的资源。依据 JD-R 模型，下属工作-家庭冲突可以视为工作要求耗损下属身心资源，由此产生的工作压力向家庭领域溢出。简而言之，威权领导行为会增加下属工作要求，耗损下属心理资源，增加下属工作压力，引发下属工作-家庭冲突。赵安安和高尚仁（2005）等也通过实验研究发现，威权领导是一种工作压力源，会造成下属生理压力反应，对下属心理健康、身体健康，以及工作满意度都有负向作用。因此，本书提出：

假设 1a：威权领导与下属工作-家庭冲突正相关。

（二）仁慈领导对工作-家庭冲突的作用

仁慈领导表现出"对下属个别照顾"和"维护下属面子"的行为。仁慈领导将下属"视为家人"，不仅在工作中对下属鼓励，进行辅导，而且在下属家庭有困难的时候也会尽力帮助解决。仁慈领导一方面向下属提供有价值的工作资源（如工作控制），使下属更有效地完成工作，减少下属工作压力。另一方面，仁慈领导也会将下属视为家人，向下属提供情感支持。当仁慈领导与下属沟通时，下属较愿意表达真实情感，向领导倾诉自己的困难，从而缓解工作压力。依据 JD-R 模型，仁慈领导为下属提供重要的工具和情感资源，降低了下属的工作压力，从而有效地缓解了下属工作-家庭冲突。因此，本书提出：

假设 1b：仁慈领导与下属工作-家庭冲突负相关。

（三）德行领导对工作-家庭冲突的作用

德行领导表现出"公私分明"和"以身作则"的行为。"公私分明"的行为是指德行领导会对待下属一视同仁，在工作中牺牲私利、克己奉公，特别是不会滥用自己的权力谋取私利，不会盗窃下属的工作成果或者损害下属的利益。"以身作则"行为是指德行领导为下属树立正直尽责、无私典范的领导形象（樊景立和郑伯埙，2000）。德行领导行为是一种有价值的工作资源，一方面，德行领导给予下属充分的工作资源，减少下属资源耗损，降低下属工作压力，以减少工作压力向家庭领域的消极溢出；另一方面，德行领导为下属树立自律、道德模范的形象。作为领导，德行领导会运用手中的权力，奖励下属合乎道德的行为，处罚下属有损于道德的行为（王安智，2014）。德行领导这些管理行为会使下属远离他们（Cheng et al.，2004），而且，领导的道德示范作用，对下属而言也是一种无声的命令（高日光等，2006）。当下属与德行领导互动时，下属很可能抑制自己的外在行为表现，避免受到惩罚。下属监控和控制自己的行为会消耗自己的心理和身体资源，进而引发工作压力，增加对家庭领域的消极溢出。根据工作要求-资源模型，德行领导一方面为下属提供重要的工作资源（工作控制），另一方面又耗损下属的工作资源（情绪压制）。由此，本书推断，德行领导对下属工作-家庭冲突的作用可能并不显著。

二、家长式领导对工作控制和情绪压制的作用

(一) 威权领导对工作控制和情绪压制的作用

威权领导表现出来的专权作风、贬抑下属的工作能力、注重自身形象以及教诲这四种领导行为虽然有助于树立领导的个人权威，易于领导支配下属，但是这些领导行为也会降低下属对工作控制的认知。下属对工作控制的认知是指下属认为他们拥有一定的工作自主性，能够控制自己的工作行为（Aryee et al.，2014；Tangirala and Ramanujam，2008）。

根据社会信息处理理论，个体通过获得的信息改变他们的认知、态度与行为。这些信息通常来自这些个体直接接触的社会环境。社会环境向在此环境中的个体提供两类信息：一是个体用来解释事件和线索的信息；二是个体根据这些解释在态度和行为上应该如何表现的信息。在工作场所，领导行为是下属获得信息、解释工作与人际互动的主要来源之一。相应地，面对威权领导，下属获得来自威权领导的各种信息，表现出适应威权领导的认知与行为。例如，当领导表现出专权与控制行为时，下属会解释这些行为，并推断自己的工作方式和行为受到领导的严格控制，受此推断影响，下属认为自己很难决定或者改变自己的工作方式与工作行为，因而在工作中只能服从威权领导，认识到较少的工作控制。因此，本书提出：

假设 2a：威权领导行为与下属工作控制负相关。

当环境满足个体需要与愿望时，会引起个体的积极情绪体验，如喜悦与兴奋等；当环境不满足个体需要与愿望时，则会引起个体的消极情绪体验，如悲伤、恼怒与焦虑等。当威权领导表现出专权和贬抑下属工作能力等行为时，会形成消极情感事件，引起下属消极情绪反应。吴宗祐等（2002）采用中国台湾地区企业样本，检验了威权领导与下属情绪的关系，发现威权领导会激发下属愤怒和恐惧等消极情绪，阻碍领导与下属之间的情感交流。威权领导掌握着

对下属有价值的资源，当与威权领导日常互动时，下属倾向隐藏自己的情绪，这一过程可以运用社会信息处理理论加以解释。下属通过对领导言行的观察和理解，推断自己应该在行为上如何表现，以适应威权领导。因此，尽管下属有情绪反应，他们也不倾向表露出来，因为他们推断威权领导可能将他们的情绪反应视为不服从领导的命令，会因此受到威权领导的惩罚，因此下属会有意识地压制自己的情绪反应和表达。基于上述分析，本书提出：

假设2b：威权领导行为与下属情绪压制正相关。

（二）仁慈领导对工作控制和情绪压制的作用

仁慈领导是非常受下属欢迎的一种领导行为（张瑞平等，2013）。根据社会信息处理理论，下属会通过与仁慈领导的人际互动获取来自仁慈领导的信息，并对这些信息进行解释，指导自己的行为。在工作中，仁慈领导会照顾下属，并根据下属需要，满足下属要求。如果下属表现不佳，仁慈领导会了解其真正的原因，给予鼓励与辅导。即使下属犯错，仁慈领导也会给予他们改正的机会（曾楚宏等，2009）。下属会解释仁慈领导的这些行为，并推断仁慈领导关心他们，考虑他们的需要，受此推断影响，下属会判断他们能够决定自己的工作行为，按照自己的方式工作，因而认知到较高的工作控制。因此，本书提出：

假设3a：仁慈领导行为与下属工作控制正相关。

仁慈领导在工作中给予下属较多支持与照顾。当下属遇有紧急情况，仁慈领导也会帮助下属处理。下属如若犯错误，仁慈领导也会提供下属改正错误的机会。而且，仁慈领导还会有意识地维护下属面子，给下属留有余地（曾楚宏等，2009）。仁慈领导会和下属形成高质量的互动关系。实证研究也发现，仁慈领导与下属情感信任积极相关（周浩和龙立荣，2005）。此外，中国社会重视"人情"与"关系"，这意味着仁慈领导和下属之间的关系也会拓展至工作以外的"私事"上。事实上，仁慈领导会关心下属家庭生活，帮助下属解决在生活中出现的难题。例如，仁慈领导会帮助下属找房子，也会借钱给下属。下属对仁慈领导的这些将自己视为家人的行为进行解释，并推断仁慈领导与自己有很强的情感联结，受此推断影响，下属在与仁慈领导互动时，会降低自我保护与防御的心理，自然流露真实的情绪反应。因而在面对仁慈领导时，下属较少压制或者隐藏自己的真实情绪。因此，本书提出：

假设3b：仁慈领导行为与下属情绪压制负相关。

（三）德行领导对工作控制和情绪压制的作用

根据社会信息处理理论，下属在与德行领导的人际互动中获取有关领导的信息，他们通过解释这些信息来指导自己表现出适应德行领导的行为。在工作中，德行领导对待下属一视同仁，愿意为公司利益牺牲私人利益；在行为上以身作则，为下属树立榜样（曾楚宏等，2009）。下属观察到德行领导的这些行为，并推断德行领导是大公无私和以身作则的（Chen et al.，2014）。领导行为的表率作用，可以激发下属工作动机，使下属安心地工作，努力实现组织目标（高日光等，2006）。换言之，下属会感知到较大的工作自主性，为实现工作目标努力工作（Gong et al.，2017）。因此，本书提出：

假设4a：德行领导行为与下属工作控制正相关。

根据社会信息处理理论，德行领导的大公无私与以身作则行为，使下属认识到德行领导的无私、自律与严格（Chen et al.，2014）。德行领导以身作则的模范表率行为对下属而言也是一种无声的命令，可以指挥、监督和控制下属的行为（高日光等，2006）。而且，作为领导，德行领导会运用职权管理下属的工作行为，因而在与德行领导互动时，下属倾向压制自己，减少情感表达行为。因此，本书提出：

假设4b：德行领导行为与下属情绪压制正相关。

三、工作控制和情绪压制对工作-家庭冲突的作用

（一）工作控制对工作-家庭冲突的作用

根据 JD-R 模型，获得工作控制可以使个体拥有较多处理家庭事务的资源。获得工作控制的员工会更有效地完成工作，避免减少家庭事务在时间和精力方面的投入。而缺少工作控制的个体，较难有效地完成工作任务。当人们工作有效性降低时，他们会花额外的时间完成工作，这就减少了他们对家庭事务的投入。此外，缺乏工作控制感会消耗下属资源，增加下属工作压力，引起下属从家庭事务中退缩，不能兼顾家庭角色。Michel 等（2011）在对 178 个工作-家庭冲突研究的元分析中发现，工作控制是减少工作-家庭冲突的重要前因变量。因此，本书提出：

假设 5a：工作控制与下属工作-家庭冲突负相关。

（二）情绪压制对工作-家庭冲突的作用

当情绪唤起时，下属有意识地抑制情绪表达，不让他人知道的行为称为情绪压制（Gross，2002；Gross and Levenson，1993）。隐匿或压制情绪将会消耗下属情绪资源，增加下属情绪失调，降低了他们的适应性行为。下属情绪压制不仅在工作中使他们很难与同事有效地合作，还会将自己压抑的情绪带到家庭领域，使他们从家庭互动中退缩。而且，情绪压制还会消耗下属的认知资源，降低他们完成工作的效率和效果（Gross，2002）。为完成工作任务，下属需要付出额外的工作时间和工作精力，因此会减少他们对家庭事务的投入。此外，情绪压制还会恶化下属的人际关系。例如，当下属压制情绪时，其他人很难通过下属情绪反应了解其需要，因而不会在行为上做出相应的调整，由此压制的情绪会以更强烈的水平和更频繁的频率加以累计，增加下属压力，这有可能转化为对同事和家人的社会阻抑行为。实证研究也发现，情绪压制会降低个体工作满意度、幸福感和获得的社会支持（Gross，2002；Gross and John，2003），

并影响配偶之间的关系质量（Gross，2002；Gross and Levenson，1993）。根据工作要求-资源模型，下属压制情绪会减少他们的情绪和认知资源，降低社会支持。而在工作中不佳的认知效果和较少的社会支持会增加他们完成工作的难度，消耗心理和身体资源，增加工作压力对家庭领域的消极溢出，即工作-家庭冲突（Tang et al.，2016）。因此，本书提出：

假设5b：情绪压制与下属工作-家庭冲突正相关。

四、工作控制和情绪压制的中介作用

（一）工作控制和情绪压制在威权领导和工作-家庭冲突关系之间的中介作用

工作控制是个体对工作任务和工作行为的潜在控制（Karasek，1979），而情绪压制作为个体有意识的情绪抑制行为，是一种情绪控制行为（Gross and Levenson，1993）。假设1a阐述了威权领导对下属工作-家庭冲突的作用。而且，威权领导会减少下属工作控制，增加下属情绪压制，而工作控制和情绪压制均与下属工作-家庭冲突有关。通过整合社会信息处理理论与工作要求-资源模型，本书从下属的视角出发，将工作控制和情绪压制作为威权领导与下属工作-家庭冲突关系的重要中介机制。本书提出，工作控制和情绪压制在威权领导与下属工作-家庭冲突关系中起中介作用。换言之，当下属与威权领导互动时，下属更可能感知到较少的工作控制，较多的情绪压制，而损耗较多的认知和情绪资源，增加工作压力，引发下属工作-家庭冲突。因此，本书提出：

假设6a：下属工作控制在威权领导与下属工作-家庭冲突之间的关系中起中介作用。

假设6b：下属情绪压制在威权领导与下属工作-家庭冲突之间的关系中起中介作用。

（二）工作控制和情绪压制在仁慈领导和工作-家庭冲突关系之间的中介作用

假设1b阐述了仁慈领导对下属工作-家庭冲突的作用。而且，仁慈领导会增加下属工作控制，减少下属情绪压制，而工作控制和情绪压制均与下属工作-家庭冲突有关。通过整合社会信息处理理论与工作要求-资源模型，本书将工作控制和个体情绪压制作为仁慈领导与下属工作-家庭冲突关系的中介机制。因此，本书提出，工作控制和情绪压制在仁慈领导与下属工作-家庭冲突的关系中起中介作用。换言之，当下属与仁慈领导互动时，下属更可能感知到较高的工作控制，较少的情绪压制，下属因而获得较多的工作资源，这会减少工作压力的产生，降低工作压力向家庭领域的消极溢出。因此，本书提出：

假设7a：下属工作控制在仁慈领导与下属工作-家庭冲突关系中起中介作用。

假设7b：下属情绪压制在仁慈领导与下属工作-家庭冲突关系中起中介作用。

（三）工作控制和情绪压制在德行领导和工作-家庭冲突之间关系的中介作用

德行领导会增加下属的工作控制和下属的情绪压制，而工作控制和情绪压制均与下属工作-家庭冲突有关。通过整合社会信息处理理论与工作要求-资源模型，本书将工作控制和情绪压制作为德行领导与下属工作-家庭冲突关系的中介机制。因此，本书提出，工作控制和情绪压制在德行领导与下属工作-家庭冲突关系中起中介作用。换言之，德行领导的下属更可能感知到较高的工作控制和较强的情绪压制，这一方面德行领导会增加下属工作控制，减少下属压力，降低下属工作-家庭冲突；另一方面，德行领导也会增加下属情绪压制，消耗下属情绪资源，增加下属压力，引发下属工作-家庭冲突。因此，本书提出：

假设 8a：下属工作控制在德行领导与下属工作-家庭冲突关系中起中介作用。

假设 8b：下属情绪压制在德行领导与下属工作-家庭冲突关系中起中介作用。

五、家长式领导对工作-家庭冲突的交互效应

尽管家长式领导的威权领导、仁慈领导和德行领导的交互效应研究比较匮乏（周浩和龙立荣，2007），但已有研究进行了有益的探索，家长式领导的威权领导、仁慈领导和德行领导的交互效应也日益成为未来研究的发展方向（段锦云，2012）。

（一）威权领导和仁慈领导的交互效应

家长式领导交互效应研究主要集中在对威权领导和仁慈领导行为交互效应的探索上（Cheng et al.，2004）。根据工作要求-资源模型，威权领导对下属工作提出较高工作要求，如果下属不服从，就威胁惩罚下属，这些专权和控制行为会持续消耗下属工作资源，增加下属工作压力，进而引发下属工作-家庭冲突（假设 1a）。尽管仁慈领导会对下属嘘寒问暖，关心和照顾下属，为下属提供工作资源，减少下属工作压力，进而降低下属工作-家庭冲突（假设 1b）。然而，本书推断，当威权领导和仁慈领导行为发生交互作用时，以专权和控制为特征的威权领导，无论领导是否展现出仁慈领导行为，都对下属工作-家庭冲突影响较小，即仁慈领导行为和威权领导行为对下属工作-家庭冲突的影响不明显，因而威权领导和仁慈领导的交互项对下属工作-家庭冲突影响可能不明显。李珲等（2014）的研究也发现，威权领导和仁慈领导行为对下属创新行为的交互效应不显著。因此，本书推断威权领导和仁慈领导行为的交互项对下属工作-家庭冲突可能并无影响。

根据社会信息处理理论，威权领导的专权和控制行为会降低下属工作控制

（假设 2a），尽管仁慈领导关心和支持下属工作的行为会增加下属工作控制（假设 3a），但以专权和控制为特征的威权领导要求下属绝对服从，否则惩罚下属，因此，当威权领导和仁慈领导行为发生交互作用时，无论领导者是否展现出仁慈领导行为，都对下属工作控制影响较少，即仁慈领导行为和威权领导行为对下属工作控制影响较少，因而威权领导和仁慈领导的交互项对下属工作控制影响不明显。因此，本书推断威权领导和仁慈领导行为的交互项对下属工作控制可能并无影响。

同理，威权领导专权和贬抑下属的行为会增加下属情绪压制（假设 2b），而仁慈领导对下属工作的关心和支持行为会减少下属情绪压制（假设 3b），威权领导要求下属绝对服从，不认可下属工作，并贬低下属工作贡献的行为引发下属消极情绪，为避免受到惩罚，下属只能极力抑制自身情绪。当威权领导和仁慈领导行为发生交互作用时，无论领导者是否展现出仁慈领导行为，都对下属情绪压制没有影响。因此，本书推断威权领导和仁慈领导行为的交互项对下属情绪压制可能并无影响。

（二）威权领导和德行领导的交互效应

通过对家长式领导交互效应的研究回顾，发现威权领导和德行领导行为的交互效应研究比较匮乏（Cheng et al.，2004）。根据工作要求-资源模型，威权领导如专权作风、贬抑下属能力等领导行为会消耗下属工作资源，增加下属工作压力，进而引发下属工作-家庭冲突（假设 1a）。而德行领导表现出的"公私分明"和"以身作则"的领导行为，一方面给予下属工作资源，降低下属工作压力，另一方面作为道德模范，德行领导会运用手中的权力，奖励下属合乎道德的行为，处罚下属有损于道德的行为。因而在面对德行领导时，下属会持续监控和管理自己的行为，这会增加下属的工作压力。综合这两方面情形，本书提出德行领导与下属工作-家庭冲突无关。当威权领导与德行领导行为发生交互作用时，无论领导者是否展现出德行领导行为，威权领导都会增加下属工作-家庭冲突。即德行领导行为对威权领导行为与下属工作-家庭冲突影响较少，因而威权领导和德行领导的交互项对下属影响不明显。因此，本书推断，威权领导和德行领导行为的交互项对下属工作-家庭冲突可能并无影响。

根据社会信息处理理论，威权领导不愿向下属授权、独享信息以及不愿与下属沟通的专权领导行为会降低下属工作控制（假设2a），而德行领导对待下属一视同仁、为公司利益牺牲个人利益的行为，以及以身作则的领导行为会增加下属工作控制（假设4a）。然而，威权领导对下属严密控制，要求下属绝对服从，当威权领导与德行领导行为发生交互作用时，无论领导是否展现出德行领导行为，威权领导都会减少下属工作控制，即德行领导行为对威权领导行为和下属工作控制影响较小，因此，本书推断威权领导和德行领导行为的交互项对下属工作控制的影响可能并不明显。

同理，威权领导行为追求绝对权威，要求下属无条件服从，否则会惩罚下属，这种专权行为会增加下属的无力感（Zhang et al.，2015），体验到较多的消极情绪，如害怕和愤怒等，他们也会对外在环境敏感，担心自己表现出消极情绪会受到惩罚。例如，吴宗祐等（2002）研究发现，当威权领导激起下属愤怒情绪时，下属出于对惩罚的敏感就会压制自己的消极情绪，不表现出来。尽管德行领导运用职权对下属道德行为进行管理，以及以身作则的道德示范作用，也会促使下属抑制自己的情感表达行为（假设4b），但威权领导要求下属绝对服从，如果下属不服从，就惩罚下属。当威权领导与德行领导行为发生交互作用时，无论领导者是否展现出德行领导行为，威权领导都会增加下属的情绪压制，以往的实证研究也存在类似的研究结果。例如，赵安安和高尚仁（2015）研究发现，威权领导行为是一种工作压力来源，会造成员工的生理压力反应，德行领导对威权领导行为与员工的生理压力反应之间的关系不具有调节作用。因此，本书推断威权领导和德行领导行为的交互项对下属情绪压制的影响可能并不明显。

（三）仁慈领导和德行领导的交互效应

通过对家长式领导交互效应研究的回顾，发现仁慈和德行领导行为的交互效应研究比较匮乏（Wang and Cheng，2010）。根据工作要求-资源模型，仁慈领导对下属全面个人关怀和照顾，会减少下属工作压力，进而减少下属工作-家庭冲突（假设1b）。而德行领导则与下属工作-家庭冲突无关。因而，当仁慈领导与德行领导行为发生交互作用时，无论领导者表现出高德行领导行为还是低德行领导行为，都对下属工作-家庭冲突影响没有明显的差异。以往的研究得到类似的结果。例如，段锦云（2012）的研究显示，德行领导与建言行为正相关，而仁慈领导与建言行为无关，仁慈领导和德行领导的交互项对下属建言行为的影响不明显。因此，本书推断仁慈领导和德行领导行为的交互项对下属工作-家庭冲突的影响可能并不明显。

根据社会信息处理理论，仁慈领导将下属视为家人，在工作中照顾和关心下属，下属如果遇到难题，仁慈领导会主动帮其解决。如果在工作中犯错，领导也会了解其中原因，原谅他们。在与仁慈领导的互动过程中，会使下属推断仁慈领导关心他们，照顾他们，下属因而推断，在工作中可以按照自己的方式工作，感知到较高的工作控制（假设3a）。在与德行领导互动时，下属认识到德行领导一视同仁、以身作则的行为，使他们安心工作，激发他们的工作动机，增加了下属工作控制（假设4a）。然而，相比德行领导，仁慈领导提供下属犯错机会，会使下属在工作中认识到更大的自主性。因而，本书认为，当仁慈领导与德行领导行为发生交互作用时，无论领导表现出高德行领导行为还是低德行领导行为，都对下属工作控制的影响没有明显差异。以往研究显示出类似的研究结果。例如，周浩和龙立荣（2007）研究显示，仁慈领导和德行领导行为交互作用对下属组织公正感没有影响。

同理，仁慈领导对下属工作和家庭整体及全面地关心和照顾，有意识地维护下属面子的行为，使下属认知仁慈领导将自己视为家人，重视和自己的关系，因而下属不会在仁慈领导面前隐藏自己的情绪（假设3b）。而德行领导的大公无私，以身作则的行为，会使下属控制自己，向领导学习，增加下属的情绪压制（假设4b）。以往的研究显示，仁慈领导和德行领导交互效应可能会表现出两种不同的效果。一种是德行领导的作用可能对仁慈领导行为不起作用，因而仁慈领导和德行领导的交互项对下属的影响不明显。另一种是德行领导的行为会增强仁慈领导行为的作用，即德行领导和仁慈领导的交互项会放大对下属的作用。仁慈领导和德行领导交互项对下属不同的影响都有实证研究支持。例如，段锦云（2012）的研究显示，仁慈领导和德行领导的交互项对下属建言行为影响不明显。而Niu等（2010）的研究显示，当仁慈领导也表现出德行领导行为时，仁慈领导对下属的积极作用会被放大。本书认为，当仁慈领导和德行领导行为发生交互作用时，会促进下属表达真情实感。这是因为德行领导以身作则的模范表率行为尽管会指挥和监督下属行为，但仁慈领导将下属视为家人的行为，会减少德行领导对下属的监督和管理，而德行领导自身的公正和无私，会增加下属心理安全，从而会比较"放心"表达自己的真实情绪。即德行领导会增强仁慈领导对情绪压制的负向作用。进一步，根据工作要求-资源模型，下属减少情绪压制的行为会减少下属心理资源消耗，降低工作压力向家庭领域传递，从而减少下属工作-家庭冲突。本书基于以上分析，提出以下假设：

假设9：仁慈领导和德行领导的交互项会减少下属的情绪压制。

假设10：仁慈领导和德行领导的交互项通过下属情绪压制降低下属工作-家庭冲突。

（四）威权领导、仁慈领导和德行领导对工作-家庭冲突的交互作用

相比家长式领导两两交互效应的研究，家长式领导三项交互效应的研究更加匮乏（Farh et al., 2008）。根据上文分析，威权领导会增加下属工作-家庭冲突，仁慈领导会减少下属工作-家庭冲突，而德行领导对下属工作-家庭冲

突的作用不明显，因此，当威权领导和仁慈领导行为发生交互作用时，无论领导者表现出高德行领导行为还是低德行领导行为，都对下属工作-家庭冲突的作用没有明显差异。换言之，威权领导、仁慈领导和德行领导行为的相互项对下属工作-家庭冲突的作用并不显著。

根据上文分析，威权领导和德行领导会增加下属的情绪压制，而仁慈领导会减少下属的情绪压制。当领导者表现出"恩威并济，以德服人"时，下属虽然有表达真实情绪的动机，但出于对领导威权行为的畏惧与服从，或出于对德行领导行为的尊敬和认同，下属倾向于约束自身的情绪，减少情绪压制的可能性并不大。即当威权领导和仁慈领导行为发生交互作用时，无论领导表现出高德行领导行为还是低德行领导行为，都对下属情绪压制的作用没有明显差异，即威权领导、仁慈领导和德行领导的交互项对下属情绪压制的作用并不明显。

威权领导降低下属工作控制，而仁慈领导和德行领导都会增加下属工作控制。当领导表现出"恩威并济，以德服人"时，下属有增加工作控制的动机，而且下属相信领导会公平公正对待自己，而且即使在工作中犯错，领导者表现出的仁慈行为也会原谅自己，因而会减少自己对领导的畏惧，更可能在工作中按照自己的方式工作，有较大可能提高工作控制。因而，本书推断威权领导、仁慈领导和德行领导的交互项会增加下属工作控制，而工作控制作为一种有效的压力缓解资源，会减少下属工作-家庭冲突。基于以上分析，本书提出以下假设：

假设11：威权领导、仁慈领导和德行领导的交互项会减少工作控制。

假设12：威权领导、仁慈领导和德行领导的交互项通过工作控制降低下属工作-家庭冲突。

第四章　研究方法

第一节　数据收集

　　本书数据来自北京的三家企业，这三家企业分别来自 IT、制造业和房地产业。研究人员向这三家企业的人力资源部门和管理团队说明此次调查研究的目的与意义，期望获得管理者的配合与支持。在与人力资源部门和管理团队沟通完毕后，研究人员将调查问卷送至这三家企业的人力资源部门，由人力资源部门工作人员将问卷发放给所在企业的管理者与员工。调查问卷要求以家庭为单位，由企业员工以及他们的配偶共同填写完成。每个调查对象家庭收到一个纸质信封，里面包括本人版和配偶版两套调查问卷及一份空白纸质信封，本人版和配偶版的调查问卷均包括填写说明和具体问卷内容两部分，要求本人和配偶独立填写。问卷填写说明文件旨在向企业员工和他们配偶表明，此次调查研究纯粹是以学术研究为目的，与他们所在组织没有关系，诚恳地邀请他们自愿参与此次调查。为保护他们的隐私，调查问卷要求匿名填写，事先发放的空白纸质信封用来放置填写完毕的问卷，并进行密封，交回企业人力资源部门。

第二节 样本描述

本书调研发放 576 份本人和配偶配对的调查问卷，实际回收问卷 475 份，问卷回收率为 82.5%，去除问题问卷 71 份（包括不完全填写问卷 54 份，配偶双方填写内容完全重合问卷 11 份，填写呈规律性排列问卷 6 份），共计剩余有效问卷 404 份，有效回收率为 70.14%。

本书运用 SPSS 22.0 统计软件对 404 份调查问卷进行描述性统计分析[①]，具体包括性别、年龄、教育程度、是否有孩子、工作性质和单位性质等人口统计变量，如表 4-1 所示。其中，男性有 197 位，占总样本数 48.80%，女性 199 位，占总样本数 49.30%。从年龄分布来看，被调查人员主要集中在 31~45 岁年龄段，其中，31~35 岁有 99 位，占 24.50%，36~40 岁有 105 位，占 26.00%，41~45 岁有 97 位，占 24.00%。此外，年龄在 30 岁及以下的被调查人员有 39 位，占到总样本数 9.70%，46~50 岁有 37 人，占 9.20%，51 岁及以上有 22 人，占到 5.40%。被调查人员学历以本科学历为主，持本科学历的被调查人员有 236 人，占总样本数 58.40%，硕士及以上学历共有 59 人，占 14.60%，高中、中专及以下学历共有 26 人，占 6.40%，大专学历共有 66 人，占 16.30%。被调查人员家庭有孩子比例较高，共有 312 个被调查人员有孩子，占总样本数 77.20%，有 76 位被调查人员没有孩子，占 18.80%。被调查人员工作性质分布较为分散，其中从事生产的有 74 人，占总样本数 18.32%，从事销售的有 41 人，占 10.15%，从事行政后勤的有 51 人，占 12.62%，从事管理工作的有 89 人，占 22.03%，从事工程工作的有 82 人，占 20.30%，从事研发

---

① 404 份调查问卷中少量问卷存在个别人口统计题项漏填。

工作的有24人，占5.94%，从事其他工作的有27人，占6.68%。被调查人员主要来自国有企业、外商独资和私营独资企业，其中来自国有企业的有150人，占样本总数37.13%，来自外商独资或控股企业的有93人，占23.02%，来自私营独资或控股企业的有136人，占33.66%。

表4-1 描述性统计分析

变量	分类	频数	百分比（%）	累计百分比（%）
性别	男	197	48.80	48.80
	女	199	49.30	98.10
年龄	18~30岁	39	9.70	9.70
	31~35岁	99	24.50	34.20
	36~40岁	105	26.00	60.20
	41~45岁	97	24.00	84.20
	46~50岁	37	9.20	93.40
	51岁及以上	22	5.40	98.80
教育程度	高中、中专及以下	26	6.40	6.40
	大专	66	16.30	22.70
	大学本科	236	58.40	81.10
	硕士及以上	59	14.60	95.70
是否有孩子	有	312	77.20	77.20
	无	76	18.80	96.00
工作性质	生产	74	18.32	18.32
	销售	41	10.15	28.47
	行政后勤	51	12.62	41.09
	管理	89	22.03	63.12
	工程	82	20.30	83.42
	研发	24	5.94	89.36
	其他	27	6.68	96.04
单位性质	国有企业	150	37.13	37.13
	外商独资或控股企业	93	23.02	60.15
	私营独资或控股企业	136	33.66	93.81

注：N=404。

第三节　问卷设计及测量工具

一、问卷的设计与编制

本书运用问卷调查法针对所研究的问题有效收集一手数据，并运用SPSS 22.0 和 Mplus 7 统计分析软件进行数据检验，以验证假设是否得到支持。为了全面和准确地测量本书涉及的研究变量：家长式领导、工作控制、情绪压制和工作-家庭冲突，本书拟从以下几个方面对调查问卷进行选择：

首先，以家长式领导、工作控制、情绪压制以及工作-家庭冲突变量的理论和实证研究为基础，选取该研究领域被广泛采纳、具有较高信度和效度的成熟量表。其次，根据"翻译-回译"技术（Brislin，1986），将测量量表翻译成中文。最后，将量表发放给北京一所高校的 MBA 学员和继续教育学院学生，请他们填写问卷初稿，以检验测量题项是否清晰，测量量表是否易于填写，最终形成适用于本书的问卷。

二、测量工具

本书所涉及的量表均为李克特6点量表，1 代表完全不同意，6 代表完全同意。量表具体来源情况请参见下文，详细测量题项如表4-2 所示。

表4-2　量表测量题项

威权领导行为	1. 他要求我完全服从他的领导
	2. 当我当众反对他时，会遭到冷言讽刺

续表

	3. 他心目中的模范部属必须对他言听计从
	4. 他不把讯息透露给我们知道
	5. 本单位大小事情都由他自己独立决定
	6. 开会时，都照他的意思做最后的决定
	7. 他不让我们察觉他真正的意图
威权领导行为	8. 在我们面前，他表现出威严的样子
	9. 与他一起工作时，他带给我很大的压力
	10. 他采用严格的管理方法
	11. 当任务无法达成时，他会斥责我们
	12. 他强调我们的表现一定要超过其他单位
	13. 他遵照原则办事，触犯时我们会受到严厉的处罚
	1. 他关怀我私人的生活与起居
	2. 他平时向我嘘寒问暖
	3. 对相处较久的部属，他会做无微不至的照顾
	4. 他会根据我个人的需要，来满足我的要求
	5. 当我碰到难题时，他会及时给我鼓励
仁慈领导行为	6. 他对我的照顾会惠及我的家人
	7. 当我工作表现不佳时，他会去了解真正的原因何在
	8. 当我犯错时，他会给我改过的机会
	9. 他不会当着同仁的面，给我难堪
	10. 对于我工作上所缺乏的能力，他会给予适当的教育与辅导
	11. 他会帮我解决生活上的难题
	1. 得罪他时，他会公报私仇
	2. 他会利用职位搞特权
	3. 工作出纰漏时，他会把责任推得一干二净
	4. 他为人正派，不会假公济私
德行领导行为	5. 他对待我们公正无私
	6. 他不会占我的小便宜
	7. 他不会因个人的利益去拉关系、走后门
	8. 他是我做人做事的好榜样
	9. 他能够以身作则

续表

情绪压制	1. 我通过不表露自己的情绪来抑制情绪
	2. 当我感到负面情绪时，我确保不表露出来
	3. 我把情绪留给自己
	4. 当我感到积极情绪时，我小心不表露出来
工作控制	1. 我能控制我的工作量
	2. 我能改变我工作的方式
	3. 我会对我的工作做计划
	4. 我能控制我的工作质量
	5. 我能决定如何完成我的工作
	6. 我能为我工作的开展选择不同的方法
工作-家庭冲突	1. 工作产生的压力使我很难履行家庭职责
	2. 工作占用我大量时间，使我难以履行家庭责任
	3. 由于工作上的要求，我希望在家里做的事（如做家务、与家人相处）总是无法完成
	4. 由于工作需要，我不得不改变家庭活动计划
	5. 由于工作要求，我的家庭生活受到干扰

家长式领导采用樊景立和郑伯埙（2000）的量表，其中，威权领导维度有 13 个题项，包括"他要求我完全服从他的领导"等题项，Cronbach's α 系数为 0.92。仁慈领导维度有 11 个题项，包括"他平时向我嘘寒问暖"等题项，Cronbach's α 系数为 0.93。德行领导维度有 9 个题项，包括"他能够以身作则"等题项，Cronbach's α 系数为 0.95。

情绪压制采用 Gross 和 John（2003）量表，共有 4 个题项，包括"我通过不表露自己的情绪来抑制情绪"等题项，Cronbach's α 系数为 0.77。

工作控制采用 Hackman 和 Oldham（1980）的量表，共有 6 个题项，包括"我能改变我的工作方式"等题项，Cronbach's α 系数为 0.85。

工作-家庭冲突采用 Netemeyer 等（1996）的量表，共有 5 个题项，量表由本人的配偶填写，包括"工作产生的压力使我很难履行家庭职责"等题项，Cronbach's α 系数为 0.94。

三、数据分析方法

本书将调查问卷收集完毕后，交由专人负责整理和检查，然后将数据录入SPSS 22.0 系统，经不同人员进行三次数据核对，为下一阶段数据统计分析做好准备。此外，研究者将纸质问卷存档保存。本书运用统计软件 SPSS 22.0 和 Mplus 7 进行数据统计分析，采用的统计方法包括量表的信度与效度分析、独立样本 T 检验、方差分析、描述性统计分析、相关性分析、同源偏差检验和结构方程模型假设检验。

（一）量表的信度与效度分析

本书首先运用 SPSS 22.0 对测量量表的信度进行检验，随后运用 Mplus 7 对测量量表的效度进行检验。

量表的信度是指对测量结果稳定性、一致性和可靠性的评价。信度一般通过计算 Cronbach's α、题项总分相关（CITC）系数和建构信度（CR）来估计。

信度是效度的必要而非充分条件，所以有信度不一定有效度，还需要对量表的效度进行测量（张力为，2002）。效度是对量表测量结果有效性的估计。其中，内容效度是指测量量表对所需要测量内容的反映程度，一般通过理性分析或者专业判断检验量表的内容效度。构念效度是指测量量表能够对理论上的抽象概念或者特质的测量程度，通过验证性因子分析（CFA）来检验。此外，Campbell 和 Fiske 提出聚合效度和区分效度的概念。聚合效度是指同一构念被不同方式测量时，不同方式测量分数之间高度相关的程度。区分效度是指运用不同方法测量不同构念时，所得到的观测数值相互区分的程度，一般通过平均方差萃取量（average of variance extracted，AVE）检验量表的聚合效度和区分效度（梁建和樊景立，2013）。

（二）独立样本 T 检验

独立样本 T 检验的目的是检验两组样本的均值之间是否存在显著差异

（王裴岩和蔡东风，2015）。本书控制变量中的性别、是否有孩子均可分为两组样本，因此采用独立样本 T 检验的方法检验这两组样本对工作控制、情绪压制以及工作-家庭冲突是否存在显著差异。

（三）方差分析

方差分析是检验两组或两组以上样本的均值是否存在显著性差异的有效方法（王在翔，2008）。本书控制变量中年龄、教育程度、工作性质和企业性质这些变量均可分为两组以上样本，因而采用单因素方差分析的检验方法，先检验年龄、教育程度、工作性质和企业性质是否影响工作控制、情绪压制以及工作-家庭冲突，进而再采用多重比较法进行两两比较，探索带来显著影响的具体控制变量组。

（四）描述性统计分析

描述性统计分析用于有效概括数据特征，了解被调查对象的基本情况（杨东娴，2011）。本书对样本数据进行频数、均值和标准差分析。

频数分析能够了解各人口统计变量取值的状况，把握数据分布特征，频数分析包括频数、百分比和有效百分比（薛薇，2013）。均值又称算术平均数，是反映变量取值集中趋势的描述统计量，在统计学中具有重要地位（田爱国，2004）。标准差是反映变量离散程度的统计变量，标准差越大，说明变量之间的差异越大。

（五）相关性分析

相关性分析是对变量之间相关关系进行分析的数量分析方法，一般用统计量精确反映两个变量之间的线性相关关系（辛兰芬，2004）。常见的统计量为皮尔森（pearson）简单相关系数，用字母 r 表示，取值在负 1 和正 1 之间，显示变量之间的相关关系（薛薇，2013）。

（六）同源偏差检验

同源偏差（common method biases）又可译作共同方法偏差，是指因为同样的数据来源或者同样的测量工具所造成的自变量与因变量之间人为的共变（周浩和龙立荣，2004）。控制同源偏差的方法一般采取程序控制和统计控制。程序控制是指在研究设计上，事先对各种可能的方法变异来源加以控制，较为常用的方法是从不同来源测量自变量和因变量，或者对测量题目在时间上加以分离（周浩和龙立荣，2004）。统计控制是在数据分析时采用统计手段对同源偏差进行检验。

（七）结构方程模型假设检验

结构方程模型方法是量化研究中重要的多元数据分析工具，广泛用于心理、教育、组织管理等领域，不仅较传统方法更为准确，而且还可以检验模型与数据拟合程度的好坏（侯杰泰等，2004）。模型的拟合指标反映假设模型和数据模型的拟合程度。常用的结构方程模型的拟合指标可以分为两类：绝对拟合指标（absolute fit index）和相对拟合指标（comparative fit index）。

绝对拟合指标是将理论模型与饱和模型加以比较得到的统计值（侯杰泰等，2004）。常见的绝对拟合指标包括卡方（χ^2），χ^2/df，近似误差均方根（RMSEA），标准化残差均方根（SRMR）。当 $2 < \chi^2/df < 5$、RMSEA < 0.08、SRMR<0.08 时，显示模型拟合良好。

相对拟合指标是将理论模型和基准模型加以比较得到的统计值。常用的相对拟合指标包括 TLI（即 NNFI）和 CFI。当 CFI>0.9、TLI>0.9 时，显示模型拟合良好。

本书运用统计软件 Mplus 7，采用结构方程模型方法验证假设。首先，构建嵌套模型（见表5-26）和替代模型（见表5-27），在假设检验前进行模型比较，将全路径模型与替代模型比较，选择最优模型。其次，运用结构方程模型检验中介效应假设，并采用纠偏 Bootstrap 方法进一步验证中介效应。纠偏 Bootstrap 方法具有更高的中介检验统计效力（方杰等，2011）。最后，进行威权领导和仁慈领导对工作-家庭冲突交互效应检验。

第五章　分析结果

第一节　量表的信度和效度分析

本节对量表的信度和效度进行分析，信度分析包括 Cronbach's α 系数、题项总分相关和建构信度。效度分析包括内容效度、聚合效度和区分效度。

一、信度分析

在对测量量表进行信度分析之前，本书首先对测量题项进行打包。本书测量题项共有 47 个，控制变量 6 个，而样本量为 404 个，少于测量题项与样本量 1：10 的最佳比例（吴艳和温忠麟，2011）。根据吴艳和温忠麟（2011）的建议，本书运用平衡法对家长式领导三个维度的测量题项进行打包，将威权领导的 13 个题项打包成 7 个题项，将仁慈领导的 11 个题项打包成 6 个题项，将德行领导的 9 个题项打包成 5 个题项。工作控制的测量题项数为 6，情绪压制的测量题项数为 4，工作-家庭冲突的测量题项数为 4，这三个变量的测量题项数量较少，没有进行打包。

（一）Cronbach's α 系数

Cronbach's α 系数用以评价量表的一致性程度。本书运用 SPSS 22.0 分别计算了威权领导、仁慈领导、德行领导、工作控制、情绪压制和工作-家庭冲突量表的 Cronbach's α 系数。如表 5-1 所示，其中威权领导、仁慈领导、德行领导、工作控制、情绪压制和工作-家庭冲突量表的 Cronbach's α 系数分别为 0.92、0.93、0.95、0.85、0.77 和 0.94，均大于 0.70 的标准，表明这些变量的量表在所采用的样本数据中表现出很好的内部一致性。

（二）题项总分相关

本书运用 SPSS 22.0 计算威权领导、仁慈领导、德行领导、工作控制、情绪压制和工作-家庭冲突这六个变量的题项总分相关值（CITC）。结果发现，除情绪压制的一个测量题项（EE3）的 CITC 值为 0.444 外，其他变量题项的 CITC 值均大于 0.5。而且尽管 EE3 的 CITC 值小于 0.5，但考虑删去此题之后，Cronbach's α 系数没有改变，依旧为 0.77，而且测量情绪压制只有 4 个题项，为保证尽可能多的题项测量因子（侯杰泰等，2004），本书未删除 EE3 的题项。具体变量题项的 CITC 值请参见表 5-1。

表 5-1　测量工具的信度检验

变量/维度	题项	CITC	Cronbach's α
	AL1	0.794	
	AL2	0.807	
	AL3	0.756	
威权领导	AL4	0.827	0.92
	AL5	0.746	
	AL6	0.748	
	AL7	0.644	

续表

变量/维度	题项	CITC	Cronbach's α
仁慈领导	BL1	0.785	
	BL2	0.847	
	BL3	0.803	0.93
	BL4	0.806	
	BL5	0.843	
	BL6	0.742	
德行领导	ML1	0.835	
	ML2	0.895	
	ML3	0.897	0.95
	ML4	0.887	
	ML5	0.811	
工作控制	JA1	0.604	
	JA2	0.578	
	JA3	0.640	
	JA4	0.600	0.85
	JA5	0.726	
	JA6	0.694	
情绪压制	EE1	0.607	
	EE2	0.684	
	EE3	0.444	0.77
	EE4	0.545	
工作-家庭冲突	WFC1	0.790	
	WFC2	0.880	
	WFC3	0.877	0.94
	WFC4	0.819	
	WFC5	0.801	

（三）建构信度

建构信度反映了每个潜变量中所有题项是否一致性地解释该潜变量。当建构信度的值高于 0.70 时，表示该潜变量具有较好的建构信度（梁建和樊景立，

2013）。建构信度计算的具体方法是运用验证性因子分析方法，根据构念中各题项的标准化因子载荷，使用公式 $CR = (\sum\lambda)^2 / [(\sum\lambda)^2 + \sum\delta]$。其中，$\lambda$ 为标准化因子载荷值，δ 为观测变量的误差变异量。经过计算，威权领导的建构信度为 0.92，仁慈领导的建构信度为 0.93，德行领导的建构信度为 0.95，工作控制的建构信度为 0.86，情绪压制的建构信度为 0.77，工作-家庭冲突的建构信度为 0.94，均高于 0.70 的标准，说明这些变量的测量具有较好的建构信度（见表5-2）。

表5-2 聚合效度与建构信度分析

变量/维度	题项	因子载荷	聚合效度（AVE）	建构信度（CR）
威权领导	AL1	0.832	0.64	0.92
	AL2	0.831		
	AL3	0.783		
	AL4	0.877		
	AL5	0.810		
	AL6	0.772		
	AL7	0.664		
仁慈领导	BL1	0.802	0.70	0.93
	BL2	0.893		
	BL3	0.828		
	BL4	0.866		
	BL5	0.863		
	BL6	0.761		
德行领导	ML1	0.864	0.80	0.95
	ML2	0.915		
	ML3	0.924		
	ML4	0.918		
	ML5	0.841		

续表

变量/维度	题项	因子载荷	聚合效度（AVE）	建构信度（CR）
工作控制	JA1	0.589	0.50	0.86
	JA2	0.571		
	JA3	0.732		
	JA4	0.706		
	JA5	0.812		
	JA6	0.805		
情绪压制	EE1	0.710	0.47	0.77
	EE2	0.826		
	EE3	0.539		
	EE4	0.625		
工作-家庭冲突	WFC1	0.826	0.74	0.94
	WFC2	0.923		
	WFC3	0.920		
	WFC4	0.828		
	WFC5	0.801		

二、效度分析

本书对量表效度的分析通过检验内容效度、聚合效度和区分效度来进行。首先，对所采用的量表进行内容效度分析。其次，通过计算量表的平均方差萃取量检验威权领导、仁慈领导、德行领导、工作控制、情绪压制和工作-家庭冲突这六个变量的聚合效度。再次，通过 CFA 方法比较基准模型和构建嵌套模型的拟合指标，分析威权领导、仁慈领导、德行领导、工作控制、情绪压制和工作-家庭冲突这六个变量是否具有足够的区分效度。最后，通过比较各潜变量 AVE 值的平方根与不同变量之间的皮尔森相关系数，进一步补充检验各量表之间的区分效度。

（一）内容效度

内容效度反映测量量表题项的适当性和代表性（吴明隆，2003）。本书通过广泛阅读和系统梳理国内外相关文献，采用国内外学者开发的成熟量表，这些量表得到国内外学者的广泛应用。我们根据 Brislin（1996）推荐的翻译方法，将本书涉及的英文量表翻译成中文。除测量家长式领导的量表为中文，工作控制、情绪压制及工作-家庭冲突量表均为英文量表。本书邀请组织行为学专业博士研究生先将英文量表题项翻译成中文题项，再请英文专业博士生将翻译后的中文题项再次翻译为英文题项。并邀请一位组织行为学研究领域副教授比较这两个版本的差异，发现没有异议内容。翻译后的问卷经过 MBA 学员和继续教育的企业学员试填写，最终形成适用于本书的问卷。

（二）聚合效度

聚合效度的检验一般运用验证性因子分析方法，用计算平均方差萃取量（AVE）的方式估计聚合效度（梁建和樊景立，2013）。AVE 值反映潜变量对于测量题项方差变异的解释程度（Fornell and larcker，1981）。AVE 值计算的具体方法为根据构念中各题项的标准化因子载荷，使用公式 $AVE = \sum (\lambda^2) / [\sum (\lambda^2) + \sum \delta]$。其中，$\lambda$ 为标准化因子载荷值，δ 为观测变量的误差变异量（梁建和樊景立，2013）。经过计算，威权领导 AVE 值为 0.64，仁慈领导 AVE 值为 0.70，德行领导 AVE 值为 0.80，工作控制 AVE 值为 0.50，工作-家庭冲突 AVE 值为 0.74，均高于 0.50 的标准，说明这些变量有较好的聚合效度。此外，尽管情绪压制的 AVE 值为 0.47，略低于 0.50 的标准（见表5-2），但根据 AVE 的计算公式，可以发现，每个题项因子载荷系数平均值要在 0.70 以上，AVE 值才有可能达到 0.50，而根据邱皓政（2010）的建议，因子载荷超过 0.55 就可接受，因此 AVE 值未必要达到 0.50 的水平。

（三）区分效度

本书首先采用 CFA 方法检验模型中的六个变量（威权领导、仁慈领导、德行领导、工作控制、情绪压制和工作-家庭冲突）之间的区分效度（见表 5-3），并通过计算 AVE 值补充判断这六个变量之间的区分效度（见表 5-4）。

表 5-3　验证性因子分析结果

模型	χ^2	df	χ^2/df	RMSEA	CFI	TLI	SRMR	$\Delta\chi^2$	Δdf
六因子模型	1205.28	480	2.51	0.064	0.92	0.91	0.06		
五因子 a 模型	1560.20	485	3.22	0.078	0.88	0.87	0.07	354.92***	5
五因子 b 模型	1937.37	485	3.99	0.090	0.84	0.83	0.07	732.09***	5
四因子 a 模型	2482.84	489	5.08	0.106	0.78	0.76	0.14	1277.56***	9
四因子 b 模型	3457.31	489	7.07	0.129	0.68	0.65	0.13	2252.03***	9
三因子模型	3802.95	492	7.73	0.136	0.64	0.61	0.14	2597.67***	12
二因子 a 模型	4508.33	494	9.13	0.149	0.56	0.53	0.15	3303.05***	14
二因子 b 模型	4726.13	494	9.57	0.153	0.54	0.5	0.18	3520.85***	14
单因子模型	6036.62	495	12.20	0.175	0.39	0.35	0.18	4831.34***	15

注：N=404，***p<0.001。

六因子模型：威权领导，仁慈领导，德行领导，工作控制，情绪压制，工作-家庭冲突。

五因子 a 模型：威权领导，仁慈领导，德行领导，工作控制+情绪压制，工作-家庭冲突。

五因子 b 模型：威权领导，仁慈领导+德行领导，工作控制，情绪压制，工作-家庭冲突。

四因子 a 模型：威权领导，仁慈领导，德行领导，工作控制+情绪压制+工作-家庭冲突。

四因子 b 模型：威权领导+仁慈领导+德行领导，工作控制，情绪压制，工作-家庭冲突。

三因子模型：威权领导+仁慈领导+德行领导，工作控制+情绪压制，工作-家庭冲突。

二因子 a 模型：威权领导+仁慈领导+德行领导+工作控制+情绪压制，工作-家庭冲突。

二因子 b 模型：威权领导+仁慈领导+德行领导，工作控制+情绪压制+工作-家庭冲突。

单因子模型：威权领导+仁慈领导+德行领导+工作控制+情绪压制+工作-家庭冲突。

表 5-4 区分效度分析

变量	聚合效度	区分效度					
	AVE	威权领导	仁慈领导	德行领导	工作控制	情绪压制	工作-家庭冲突
威权领导	0.64	**0.80**					
仁慈领导	0.70	−0.25	**0.84**				
德行领导	0.80	−0.35	0.70	**0.89**			
工作控制	0.50	−0.21	0.33	0.37	**0.71**		
情绪压制	0.47	0.09	0.16	0.17	0.19	**0.69**	
工作-家庭冲突	0.74	0.24	−0.03	−0.02	0.10	0.10	**0.86**

注：矩阵中下三角为变量之间的皮尔森相关系数，对角线上加粗的值为 AVE 值的平方根。

本书运用 CFA 方法根据概念内涵，将六个变量加以合并，构成基准的六因子模型的嵌套模型。具体做法为，将工作控制和情绪压制测量题项合并成一个因子（五因子 a 模型），将仁慈领导和德行领导测量题项合并成一个因子（五因子 b 模型），将工作控制、情绪压制和工作-家庭冲突合并成一个因子（四因子 a 模型），将威权领导、仁慈领导和德行领导合并成一个因子（四因子 b 模型），以此为基础构建嵌套模型。研究者一共构建了八个嵌套模型，与基准六因子模型相比较。研究结果如表 5-3 中显示，与其他八个备择模型相比，六因子模型的拟合结果最佳。与六因子模型相比，八个备择模型的 χ^2，RMSEA，CFI，TLI 和 SRMR 等各项拟合指标显著变差。验证性因子分析结果表明，本书所涉及的六个变量在概念内涵与概念测量方面具有良好的区分效度。

此外，根据 AVE 值进一步补充判断变量之间的区分效度。具体做法为将计算好的 AVE 值，开根号取平方根，与变量之间的皮尔森相关系数的大小进行比较，检验量表之间的区分效度（梁建和樊景立，2013）。结果如表 5-4 所示，AVE 值的平方根均大于变量之间的皮尔森相关系数，佐证了表 5-3 中六因子模型、五因子模型、四因子模型、三因子模型、二因子模型和单因子模型的比较结果，说明这六个变量之间的区别效度良好。

第二节　同源偏差检验

同源偏差也称为共同方法偏差，在控制方法上一般采用程序控制和统计控制。相比统计控制，程序控制对控制同源偏差的效果更为明显。

一、程序控制

本书采取一系列方法通过程序控制减少同源偏差。首先，研究的数据来自不同来源。自变量（家长式领导）和中介变量（工作控制和情绪压制）由本人填写，因变量（工作-家庭冲突）由本人配偶填写。其次，研究者将题项顺序进行调整，减少填写者对题项测量变量的猜测。最后，向填写者说明本次调查的目的是学术研究，填写者是匿名填写，并且与他们所在的组织无关，使填写者尽可能表现真实想法。

二、统计控制

在统计控制中，本书使用探索性因子分析和验证性因子分析方法对同源偏差的可能性进行检验。首先，用探索性因子分析做 Harman 单因子检验，该方法是检验同源偏差最常用的方法（Podsakoff et al.，2003）。考察未经转轴的结果中第一个因子变异占总变异量的比例，如果第一个因子变异占总变异量的比例在 50% 以下，则说明同源偏差现象并不严重（Hair et al.，1998）。本书探索性因子分析结果显示，第一个因子变异占总变异量的比例为36.90%。其次，运用验证性因子分析比较单因子模型和理论模型，如果同源偏差现象显著，单因子模型就会同理论模型一样具有良好的拟合度，检验结果表明，单因子模型的拟合结果同六因子模型相比，显著变差（见表5-3）（朱金强和徐世勇，2015）。

第三节 描述性统计及相关性分析

本书中各变量的均值、标准差和相关系数请参见表5-5。表5-5中显示，威权领导与工作-家庭冲突正相关（$r=0.24$，$p<0.001$），威权领导与工作控制负相关（$r=-0.21$，$p<0.01$）。仁慈领导与工作控制正相关（$r=0.33$，$p<0.001$），也与情绪压制正相关（$r=0.16$，$p<0.01$）。德行领导与工作控制正相关（$r=0.37$，$p<0.001$），也与情绪压制正相关（$r=0.17$，$p<0.01$）。工作控制与工作-家庭冲突存在微弱负相关（$r=-0.10$，$p<0.1$）。情绪压制与工作-家庭冲突正相关（$r=0.10$，$p<0.05$），此外，威权领导与仁慈领导负相关（$r=-0.25$，$p<0.001$），也与德行领导负相关（$r=-0.35$，$p<0.001$），而仁慈领导与德行领导正相关（$r=0.70$，$p<0.001$）。总体而言，这些相关分析结果为之后的假设检验提供了必要的前提。

表5-5 变量的均值、标准差和相关系数

变量	均值	标准差	1	2	3	4	5	6	7	8	9	10	11	12
1. 性别	1.50	0.50												
2. 是否有小孩	1.80	0.40	-0.31											
3. 年龄	30.80	1.31	-0.12*	0.19***										
4. 教育程度	2.86	0.77	0.14	0.01	-0.17**									
5. 工作性质	3.78	2.23	-0.25***	-0.03	-0.01	0.01								
6. 企业性质	2.17	1.32	-0.20	-0.02	-0.07	-0.11*	0.43***							
7. 威权领导	3.45	0.86	-0.54	-0.01	0.01	-0.15**	0.03	0.06	(0.92)					
8. 仁慈领导	3.88	0.84	0.50	0.18	0.01	0.02	-0.04	-0.15**	-0.25***	(0.93)				
9. 德行领导	4.28	0.92	0.83	0.24	-0.04	0.07	-0.05	-0.12*	-0.35***	0.70***	(0.95)			
10. 工作控制	4.13	0.73	-0.14**	0.05	0.09†	0.08	0.13*	0.04	-0.21**	0.33***	0.37***	(0.85)		
11. 情绪压制	3.71	0.78	-0.14**	-0.01	0.06	-0.02	0.05	-0.00	0.09†	0.16**	0.17***	0.19***	(0.77)	
12. 工作-家庭冲突	3.26	1.01	0.76	0.04	-0.11	-0.10*	0.05	0.09†	0.24***	-0.03	-0.02	-0.10†	0.10*	(0.94)

注：N=404，***$p<0.001$，**$p<0.01$，*$p<0.05$，†$p<0.1$。

第四节 人口统计学变量对中介变量和结果变量的影响

中介变量和结果变量除受自变量影响外，还会受到人口统计学变量的影响，如性别、年龄、受教育程度等。本书采用独立样本 T 检验、单因素方差分析检验不同员工在工作控制、情绪压制以及工作-家庭冲突方面是否存在显著性差异。在单因素方差分析中根据方差齐次检验选用不同的比较分析方法。若方差齐次性（显著性水平 $p>0.05$）时，采用 LSD 法对变量均值进行两两比较；若方差非齐次性（显著性水平 $p<0.05$），采用 Tamhane 法对变量均值进行两两比较（薛薇，2013）。本书中，单因素方差分析中方差均为齐次性，采用 LSD 进行事后比较分析法。具体检结果如下。

一、人口统计学变量对工作控制影响的检验

（一）不同性别的员工工作控制的差异性分析

本书采用独立样本 T 检验对不同性别员工工作控制进行差异比较分析发现，男性的平均得分高于女性，且差异显著（$p<0.1$），如表 5-6 所示。

表 5-6 不同性别的员工工作控制的差异性检验结果

性别	样本数	均值	标准差	T 值	显著性水平
男	197	4.225	0.703	2.725[†]	0.007
女	199	4.028	0.749		

注：$†p<0.1$。

（二）不同年龄阶段的员工工作控制的差异性分析

在 30 岁以下，员工工作控制最低，随着年龄的增长，员工工作控制越来越高，在 51 岁及以上年龄达到最高，然而检验结果并不显著，如表 5-7 所示。

表 5-7　不同年龄阶段的员工工作控制的方差分析结果

年龄阶段	样本数	均值	标准差	F 值	显著性水平
18~30	39	3.966	0.685		
31~40	204	4.122	0.690		
41~50	134	4.164	0.772	0.845	0.470
51 岁及以上	22	4.212	0.919		

（三）不同教育程度的员工工作控制差异性分析

如表 5-8 所示，高中或者中专及以下学历的员工工作控制最低，均值为 4.039，在硕士及以上学历的员工工作控制最高，均值达到 4.356。从表 5-9 所示的多重比较结果可知，硕士及以上学历的员工工作控制显著高于高中或者中专及以下学历、大专和大学本科学历。高中或者中专及以下学历与大学专科、大学本科在工作控制上无显著差异。从总体看，学历越高的员工，工作控制越高。

表 5-8　不同教育程度的员工工作控制的方差分析结果

教育程度	样本数	均值	标准差	F 值	显著性水平
高中、中专及以下	26	4.039	0.652		
大学专科	66	4.095	0.804		
大学本科	236	4.086	0.719	$2.367^{\dagger}$	0.070
硕士及以上	59	4.356	0.711		

注：$\dagger p<0.1$。

表 5-9 不同教育程度的员工工作控制的多重比较结果

是否齐次	事后比较法	教育程度（I）	教育程度（J）	平均差异（I-J）	显著性
是	LSD	高中、中专及以下	大学专科	−0.056	0.739
		高中、中专及以下	大学本科	−0.048	0.752
		高中、中专及以下	硕士及以上	−0.317	0.065[†]
		大学专科	大学本科	0.009	0.933
		大学专科	硕士及以上	−0.261	0.045[*]
		大学本科	硕士及以上	−0.270	0.011[*]

注：* $p<0.05$，† $p<0.1$，方差齐次性检验的 Levene 值为 0.476，显著性为 0.525。

（四）员工是否有孩子对工作控制差异性分析

本书采用独立样本 T 检验对员工是否有孩子对员工工作控制进行差异比较发现，有孩子的员工工作控制平均得分高于无孩子的员工，但这种差异并不显著，如表 5-10 所示。

表 5-10 员工是否有孩子对工作控制的差异性检验结果

性别	样本数	均值	标准差	T 值	显著性水平
有孩子	312	4.151	0.723	0.829	0.408
无孩子	76	4.074	0.763		

（五）不同工作性质的员工工作控制差异性分析

由表 5-11 可知，在工作性质方面，工作控制最高的是研发类员工，最低的是生产类员工，但这种差异并不显著。

表 5-11 不同工作性质的员工工作控制方差分析结果

工作性质	样本数	均值	标准差	F 值	显著性水平
生产	74	3.870	0.617	1.531	0.155
销售	41	4.142	0.648		

续表

工作性质	样本数	均值	标准差	F 值	显著性水平
行政后勤	51	4.183	0.557		
管理	89	4.205	0.797		
工程	82	4.019	0.729	1.531	0.155
研发	24	4.424	0.766		
其他	27	4.247	0.760		

（六）不同企业性质的员工工作控制差异性分析

由表5-12可知，在企业性质方面，工作控制最高的是外商独资或控股企业，最低的是私营独资或控股企业，但这种差异并不显著。

表 5-12　不同企业性质的员工工作控制方差分析结果

企业性质	样本数	均值	标准差	F 值	显著性水平
国有企业	150	4.156	0.729		
外商独资或控股企业	93	4.177	0.730	0.265	0.900
私营独资或控股企业	136	4.147	0.770		

二、人口统计学变量对情绪压制影响的检验

（一）不同性别的员工情绪压制的差异性分析

本书采用独立样本T检验对不同性别员工情绪压制进行差异比较分析发现，男性的平均得分高于女性，且差异显著（$p < 0.05$），如表5-13所示。

表 5-13　不同性别的员工情绪压制的差异性检验结果

性别	样本数	均值	标准差	T 值	显著性水平
男	199	3.803	0.802		
女	202	3.614	0.755	2.434	0.015

（二）不同年龄阶段的员工情绪压制的差异性分析

在 18~30 岁，员工情绪压制最低，在 51 岁及以上的年龄员工情绪压制最高。总体来看，随着年龄增加，员工情绪压制也在增加，但不同年龄阶段对情绪压制的影响并不显著，如表 5-14 所示。

表 5-14　不同年龄阶段的员工情绪压制的方差分析结果

年龄阶段	样本数	均值	标准差	F 值	显著性水平
18~30 岁	39	3.654	0.834		
31~40 岁	204	3.731	0.783		
41~50 岁	134	3.663	0.743	0.701	0.552
51 岁及以上	22	3.898	0.925		

（三）不同教育程度的员工情绪压制差异性分析

学历对员工情绪压制的影响基本上呈"U"形结构，高中或者中专及以下学历的员工情绪压制最高，均值为 4.010。随着学历的增高，员工情绪压制有所降低，在大学专科阶段降到最低，平均值为 3.654，从大学本科阶段情绪压制开始上升，在硕士及以上阶段情绪压制均值达到 3.822。然而这种"U"形结构并不显著，如表 5-15 所示。

表 5-15　不同教育程度的员工情绪压制的方差分析结果

教育程度	样本数	均值	标准差	F 值	显著性水平
高中、中专及以下	26	4.010	0.792		
大学专科	66	3.654	0.860		
大学本科	236	3.661	0.784	2.097	0.100
硕士及以上	59	3.822	0.682		

（四）员工是否有孩子对情绪压制差异性分析

本书采用独立样本 T 检验对员工是否有孩子对员工情绪压制进行差异比较

发现，有孩子的员工情绪压制平均得分低于无孩子的员工，但这种差异并不显著，如表 5-16 所示。

表 5-16　员工是否有孩子对情绪压制的差异性检验结果

性别	样本数	均值	标准差	T 值	显著性水平
有孩子	312	3.700	0.770	0.315	0.753
无孩子	76	3.732	0.839		

（五）不同工作性质的员工情绪压制差异性分析

由表 5-17 可知，在工作性质方面，情绪压制最高的是工程类员工，最低的是销售类员工，但这种差异并不显著。

表 5-17　不同工作性质的员工情绪压制方差分析结果

工作性质	样本数	均值	标准差	F 值	显著性水平
生产	74	3.847	0.654	0.692	0.679
销售	41	3.585	0.794		
行政后勤	51	3.701	0.820		
管理	89	3.641	0.731		
工程	82	3.865	0.772		
研发	24	3.802	0.860		
其他	27	3.852	0.773		

（六）不同企业性质的员工情绪压制差异性分析

由表 5-18 可知，在企业性质方面，国有企业、外商独资或控股企业以及私营独资或控股企业员工情绪压制均值较为接近，且没有显著差异。

表 5-18　不同企业性质的员工情绪压制方差分析结果

企业性质	样本数	均值	标准差	F 值	显著性水平
国有企业	150	3.645	0.878		
外商独资或控股企业	93	3.669	0.773	0.469	0.758
私营独资或控股企业	136	3.668	0.741		

三、人口统计学变量对工作-家庭冲突影响的检验

（一）不同性别的员工工作-家庭冲突的差异性分析

本书采用独立样本 T 检验对不同性别的员工工作-家庭冲突进行差异比较分析发现，女性工作-家庭冲突的平均得分高于男性，但差异并不显著，如表 5-19 所示。

表 5-19　不同性别的员工工作-家庭冲突差异性检验结果

性别	样本数	均值	标准差	T 值	显著性水平
男	197	3.175	0.989	-1.651	0.100
女	199	3.342	1.036		

（二）不同年龄阶段的员工工作-家庭冲突的差异性分析

从表 5-20 可知，31~40 岁员工的工作-家庭冲突最高，均值为 3.386，41~50 岁员工工作-家庭冲突最低，均值为 3.076。从表 5-21 所示的多重比较结果可知，31~40 岁年龄阶段员工工作-家庭冲突与 41~50 岁年龄阶段存在显著差异。

表 5-20　不同年龄阶段的员工工作-家庭冲突方差分析结果

年龄阶段	样本数	均值	标准差	F 值	显著性水平
18~30 岁	39	3.323	0.940		
31~40 岁	207	3.386	0.988	2.66	0.048
41~50 岁	135	3.076	1.050		
51 岁及以上	22	3.173	1.094		

表5-21 不同年龄阶段的员工工作-家庭冲突的多重比较结果

是否齐次	事后比较法	年龄阶段（I）	年龄阶段（J）	平均差异（I-J）	显著性
是	LSD	18~30岁	31~40岁	-0.063	0.722
		18~30岁	41~50岁	0.247	0.179
		18~30岁	51岁及以上	0.150	0.577
		31~40岁	41~50岁	0.310**	0.006
		31~40岁	51岁及以上	0.213	0.347
		41~50岁	52岁及以上	-0.097	0.677

注：**$p<0.01$，*$p<0.05$，方差齐次性检验的Levene值为0.476，显著性为0.525。

（三）不同教育程度的员工工作-家庭冲突差异性分析

如表5-22所示，高中或者中专及以下学历的员工工作-家庭冲突最高，均值为3.439。随着学历的增高，员工工作-家庭冲突有所降低，在硕士及以上学历阶段工作-家庭冲突降到最低，平均值为3.046。总体来看，随着学历增高，员工工作-家庭冲突在逐渐降低，但学历对员工工作-家庭冲突的影响并不显著。

表5-22 不同教育程度的员工工作-家庭冲突的方差分析结果

教育程度	样本数	均值	标准差	F值	显著性水平
高中、中专及以下	26	3.439	0.983		
大专	66	3.381	0.991	1.501	0.214
大学本科	236	3.237	0.990		
硕士及以上	59	3.046	1.109		

（四）员工是否有孩子对工作-家庭冲突差异性分析

本书采用独立样本T检验对员工是否有孩子对员工工作-家庭冲突进行差异比较发现，有孩子的员工工作-家庭冲突平均得分高于无孩子的员工，但这种差异并不显著，如表5-23所示。

表 5-23 员工是否有孩子对工作-家庭冲突的差异性检验结果

性别	样本数	均值	标准差	T 值	显著性水平
有孩子	312	3.277	1.020	0.662	0.508
无孩子	76	3.191	1.011		

（五）不同工作性质的员工工作-家庭冲突差异性分析

由表 5-24 可知，在工作性质方面，工作-家庭冲突最高的是销售类员工，最低的是生产类员工，但这种差异并不显著。

表 5-24 不同工作性质的员工工作-家庭冲突方差分析结果

工作性质	样本数	均值	标准差	F 值	显著性水平
生产	74	3.278	0.908		
销售	41	3.498	0.933		
行政后勤	51	3.003	0.727		
管理	89	3.390	1.065	1.347	0.227
工程	82	3.454	1.083		
研发	24	3.308	0.932		
其他	27	3.230	1.009		

（六）不同企业性质的员工工作-家庭冲突差异性分析

由表 5-25 可知，在企业性质方面，私营独资或控股企业员工工作-家庭冲突最高，外商独资或控股企业员工工作-家庭冲突最低，但这种差异并不显著。

表 5-25 不同企业性质的员工工作-家庭冲突方差分析结果

企业性质	样本数	均值	标准差	F 值	显著性水平
国有企业	150	3.343	1.050		
外商独资或控股企业	93	3.257	1.009	0.898	0.465
私营独资或控股企业	136	3.398	0.923		

四、人口统计学变量对中介变量和结果变量的影响

通过分析各人口统计变量影响员工工作控制的统计结果可以说明：从总体上看，员工工作控制在年龄、是否有小孩、工作性质和企业性质上无显著差异性，在性别和教育程度上有显著影响，即男性比女性有更强的工作控制，而且，员工学历越高，其工作控制越高。男性工作控制比女性高，这可以从性别角色差异视角解释。根据社会性别角色差异理论，男性和女性通过在家庭、学校和社会领域塑造性别特征差异，男性倾向表现出"独立、自信和侵略性"，女性倾向表现出"同情、养育、对他人的需要敏感"（张松群和陆卫群，2014），这可能使男性对工作有更多的控制。在员工受教育程度方面，因为员工学历越高，意味着员工拥有更多的知识和技能，对企业发展影响较大，因而学历越高的员工，工作控制也越高。

通过分析各人口统计变量影响员工情绪压制的统计结果可以说明：从总体上看，员工情绪压制存在性别差异，而在年龄、教育程度、是否有孩子、工作性质和企业性质上无显著的差异性。男性比女性更倾向表现出情绪压制行为，这可以从性别角色差异角度加以解释。根据性别角色差异理论，男性和女性通过家庭、学校和社会领域塑造性别特征差异。相比女性，男性更倾向压制自身情绪，以表现出"独立、自信和侵略性"（张松群和陆卫群，2014）。

通过分析各人口统计变量影响员工工作-家庭冲突的统计结果可以说明：性别、教育程度、是否有孩子、工作性质和所在企业性质对员工工作-家庭冲突的影响不显著。员工年龄对员工工作-家庭冲突存在显著性差异。相比其他年龄阶段，31~40岁年龄的员工工作-家庭冲突最大。这个阶段员工正处于工作事务和家庭事务要求都很高的时期，因而相比其他年龄阶段，员工更容易经历工作-家庭冲突。

第五节 假设检验

一、多重共线性检验

多重共线性可能会对研究结果造成偏差，在统计检验中值得关注。本书运用方差膨胀因子（VIF）与容忍度（tolerance）判断自变量之间的多重共线性问题（薛薇，2013）。本书首先以工作-家庭冲突为因变量，对家长式领导的三个维度进行回归。研究结果表明，方差膨胀因子在 1.023~2.111，均小于10，容忍度在 0.457~0.977，均大于 0.1。其次，分别以工作控制和情绪压制为因变量，对家长式领导的三个维度进行回归。研究结果表明，方差膨胀因子在 1.044~2.109，均小于 10，容忍度在 0.474~9.57，均大于 0.1。最后，以工作-家庭冲突为因变量，检验家长式领导的三个维度，工作控制以及情绪压制对工作-家庭冲突的共同影响。研究发现，方差膨胀因子在 1.003~1.207，均小于 10，容忍度在 0.829~0.997，均大于 0.1。以上研究结果表明，研究各变量之间不存在显著的多重共线性。

二、模型比较

模型比较是通过比较几个模型的拟合指标，加以判断，选择最优模型的方法。本书通过比较嵌套模型和替代模型的拟合指标，寻找最优模型，并在此基础上检验假设。

（一）嵌套模型比较

研究者将完全中介模型作为理论模型，在理论模型基础上通过增加路径的方法构建七个嵌套模型，已检验部分中介的可能性，详细内容见表5-26。构建的嵌套模型分别是增加威权领导到工作-家庭冲突路径（嵌套模型1），仁慈领导到工作-家庭冲突路径（嵌套模型2），德行领导到工作-家庭冲突路径（嵌套模型3），威权领导和仁慈领导分别到工作-家庭冲突路径（嵌套模型4），威权领导和德行领导分别到工作-家庭冲突路径（嵌套模型5），仁慈领导和德行领导分别到工作-家庭冲突路径（嵌套模型6），威权领导、仁慈领导和德行领导分别到工作-家庭冲突路径（嵌套模型7）。模型比较的结果表明，理论模型和七个嵌套模型均有良好的拟合度。尽管嵌套模型1（$\chi^2 = 1420.78$，$df = 663$，$\chi^2/df = 2.14$，RMSEA $= 0.058$，CFI $= 0.091$，TLI $= 0.90$，SRMR $= 0.06$）和嵌套模型5（$\chi^2 = 1419.28$，$df = 662$，$\chi^2/df = 2.14$，RMSEA $= 0.058$，CFI $= 0.91$，TLI $= 0.90$，SRMR $= 0.06$）卡方值与理论模型的卡方值相比（$\chi^2 = 1427.74$，$df = 664$，$\chi^2/df = 2.15$，RMSEA $= 0.058$，CFI $= 0.91$，TLI $= 0.90$，SRMR $= 0.06$），发生显著变化（嵌套模型1：$\Delta\chi^2/(1) = 6.957$，$p<0.01$；嵌套模型5：$\Delta\chi^2/(1) = 4.232$，$p<0.05$）。但根据 Cheung 和 Rensvold（2002）以及 Gautreau 等（2012）的研究，当样本量大于200时，卡方值将变得过于敏感，他们建议此时对比 CFI 的变化选择最优模型。本书样本量为404，基于他们的建议，通过对比 CFI 的变化来选择最优模型。与理论模型相比，七个嵌套模型CFI 没有变化，这表明所有模型均能很好地反映变量之间的数据关系。根据简约性原则，本书选择理论模型，即完全中介模型，并将之与构建的替代模型相比较，进一步选择最优模型。

（二）替代模型比较

研究者将理论模型与构建的四个替代模型进行进一步比较，以探索这六个变量间其他关系的可能性（见表5-27）。替代模型1假设没有中介效应，是威权领导、仁慈领导、德行领导、工作控制和情绪压制直接影响下属工作-家庭冲突。替代模型2假设工作-家庭冲突通过影响工作控制和情绪压制，进而分别

表 5-26　结构方程模型比较（嵌套模型）

模型	模型结构	χ^2	df	χ^2/df	RMSEA	CFI	TLI	SRMR	$\Delta\chi^2/\Delta df$
理论模型	威权领导+仁慈领导+德行领导→工作控制+情绪压制→工作-家庭冲突	1427.740	664	2.15	0.058	0.91	0.90	0.06	
嵌套模型 1	威权领导+仁慈领导+德行领导→工作控制+情绪压制→工作-家庭冲突,威权领导→工作-家庭冲突	1420.783	663	2.14	0.058	0.91	0.90	0.06	6.957**
嵌套模型 2	威权领导+仁慈领导+德行领导→工作控制+情绪压制→工作-家庭冲突,仁慈领导→工作-家庭冲突	1427.735	663	2.15	0.058	0.91	0.90	0.06	0.005
嵌套模型 3	威权领导+仁慈领导+德行领导→工作控制+情绪压制→工作-家庭冲突,德行领导→工作-家庭冲突	1427.733	663	2.15	0.058	0.91	0.90	0.06	0.007
嵌套模型 4	威权领导+仁慈领导+德行领导→工作控制+情绪压制→工作-家庭冲突,仁慈领导→工作→工作-家庭冲突	1420.145	662	2.15	0.058	0.91	0.90	0.06	3.798
嵌套模型 5	威权领导+仁慈领导+德行领导→工作控制+情绪压制→工作-家庭冲突,德行领导→工作-家庭冲突,威权领导→工作-家庭冲突	1419.275	662	2.14	0.058	0.91	0.90	0.06	4.232*
嵌套模型 6	威权领导+仁慈领导+德行领导→工作控制+情绪压制→工作-家庭冲突,德行领导→工作,仁慈领导→工作→工作-家庭冲突	1427.733	662	2.16	0.058	0.91	0.90	0.06	0.003
嵌套模型 7	威权领导+仁慈领导+德行领导→工作控制+情绪压制→工作-家庭冲突,仁慈领导→工作-家庭冲突,德行领导→工作→工作-家庭冲突	1419.275	661	2.15	0.058	0.91	0.90	0.06	2.822

注：N=404，*$p<0.05$，**$p<0.01$。

表 5-27　结构方程模型比较（替代模型）

模型	模型结构	χ^2	df	χ^2/df	RMSEA	CFI	TLI	SRMR	BIC	ΔBIC
理论模型	威权领导+仁慈领导+德行领导→工作控制+情绪压制→工作-家庭冲突	1420.740	664	2.15	0.058	0.91	0.90	0.06	25029.69	
替代模型1	威权领导+仁慈领导+德行领导+工作控制+情绪压制→工作-家庭冲突	1760.932	652	2.70	0.071	0.87	0.86	0.16	25432.83	403.14
替代模型2	工作-家庭冲突→工作控制+情绪压制→威权领导+仁慈领导+德行领导	1433.356	652	2.20	0.059	0.91	0.90	0.07	25105.26	75.57
替代模型3	威权领导+仁慈领导+德行领导→工作控制+情绪压制→工作-家庭冲突	1456.936	667	2.18	0.059	0.91	0.90	0.08	25042.40	12.71
替代模型4	威权领导+仁慈领导+德行领导→工作控制+情绪压制→工作-家庭冲突	1492.799	666	2.24	0.059	0.90	0.89	0.09	25083.09	53.40

注：N=404。

对威权领导、仁慈领导和德行领导产生影响。替代模型 3 假设威权领导、仁慈领导和德行领导分别通过影响下属工作控制和情绪压制，从而影响下属工作-家庭冲突。替代模型 4 与替代模型 3 类似，也是链式中介假设，即威权领导、仁慈领导和德行领导分别通过下属情绪压制和工作控制，从而影响下属工作-家庭冲突。除替代模型 1（$\chi^2 = 1760.93$，$df = 652$，$\chi^2/df = 2.70$，RMSEA = 0.071，CFI = 0.87，TLI = 0.86，SRMR = 0.16）和替代模型 4（$\chi^2 = 1492.80$，$df = 666$，$\chi^2/df = 2.24$，RMSEA = 0.059，CFI = 0.90，TLI = 0.89，SRMR = 0.09）外，其他两个替代模型的拟合指标均符合结构方程模型拟合指标标准。当 ΔBIC 大于 10 时，BIC 数值较大的模型差于 BIC 数值较小的模型，BIC 数值较小的模型为最优模型（Vrieze，2012）。本书理论模型的 BIC 值为 25029.69，四个替代模型与理论模型相比，ΔBIC 值均大于 10，这表明相比较四个替代模型，理论模型能更好地反映变量之间的数据关系，本书将理论模型作为最优模型进行假设检验（见图 5-1）。

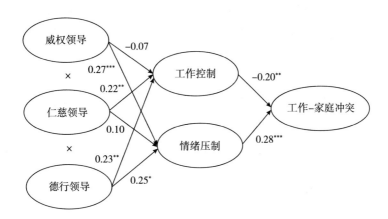

图 5-1 理论模型结果

注：N = 404，$*p < 0.05$，$**p < 0.01$，$***p < 0.001$，系数为标准化系数。

在控制了性别、年龄、是否有孩子、教育程度、工作性质和企业性质人口统计学变量后，我们发现威权领导增加下属工作-家庭冲突（$\beta = 0.21$，$p < 0.001$），且 bootstrap = 5000 的置信区间不包含 0，为 [0.048，0.368]。仁慈领导对下属工作-家庭冲突没有影响（$\beta = -0.002$，$p > 0.05$），且 bootstrap = 5000 的置信区间包含 0，为 [-0.227，0.223]。假设 1a 得到支持，假设 1b 没有得到支持。

在控制了性别、年龄、是否有孩子、教育程度、工作性质和企业性质人口统计学变量后，研究结果显示，威权领导对工作控制的负向作用不显著（$\beta = -0.07$，$p > 0.05$），且 bootstrap = 5000 的置信区间包含 0，为 [-0.192，0.060]，假设 2a 没有得到支持。威权领导对情绪压制有显著正向影响（$\beta = 0.27$，$p < 0.001$），且 bootstrap = 5000 的置信区间不包含 0，为 [0.099，0.415]，假设 2b 得到支持。仁慈领导对工作控制有显著的正向作用（$\beta = 0.22$，$p < 0.01$），且 bootstrap = 5000 的置信区间不包含 0，为 [0.059，0.378]，假设 3a 得到支持。仁慈领导对情绪压制的作用不显著（$\beta = 0.10$，$p > 0.05$），且 bootstrap = 5000 的置信区间包含 0，为 [-0.116，0.302]，假设 3b 未得到支持。德行领导对工作控制有显著的正向作用（$\beta = 0.23$，$p < 0.01$），且 bootstrap = 5000 的置信区间不包含 0，为 [0.056，0.408]，假设 4a 得到支持。德行领导对情绪压制有显著的正向影响（$\beta = 0.25$，$p < 0.05$），且 bootstrap = 5000 的置信区间不包含 0，为 [0.043，0.451]，假设 4b 得到支持。此外，工作控制对工作-家庭冲突有显著的负向影响（$\beta = -0.20$，$p < 0.01$），且 bootstrap = 5000 的置信区间不包含 0，为 [-0.266，-0.024]，假设 5a 得到支持。情绪压制对工作-家庭冲突有显著的正向作用（$\beta = 0.28$，$p < 0.001$），且 bootstrap = 5000 的置信区间不包含 0，为 [0.114，0.372]，假设 5b 得到支持。

三、中介效应检验

理论模型的运行结果见表 5-28 中的理论模型，中介效应研究结果表明，工作控制在威权领导与下属工作-家庭冲突之间的中介效应不显著（$\beta = 0.02$，$p > 0.05$），且 bootstrap = 5000 的置信区间包含 0，为 [-0.008, 0.052]，表明工作控制在威权领导和工作-家庭冲突之间未起中介作用，假设 6a 未得到支持。情绪压制在威权领导与工作-家庭冲突之间的中介效应显著（$\beta = 0.09$，$p < 0.01$），且 bootstrap = 5000 的置信区间不包含 0，为 [0.023, 0.155]，表明情绪压制在威权领导和工作-家庭冲突之间起中介作用，假设 6b 得到支持。

工作控制在仁慈领导与工作-家庭冲突之间的中介效应显著（$\beta = -0.06$，$p < 0.01$），且 bootstrap = 5000 时的置信区间不包括 0，为 [-0.102, -0.010]，表明工作控制在仁慈领导与工作-家庭冲突之间起中介作用，假设 7a 得到支持。情绪压制在仁慈领导与工作-家庭冲突之间的中介效应不显著（$\beta = 0.03$，$p > 0.05$），且 bootstrap = 5000 的置信区间包含 0，为 [-0.031, 0.092]，表明情绪压制在仁慈领导和工作-家庭冲突之间未起中介作用，假设 7b 未得到支持。

工作控制（$\beta = -0.05$，$p < 0.01$）和情绪压制（$\beta = 0.25$，$p < 0.05$）在德行领导与工作-家庭冲突之间的中介效应显著，且 bootstrap = 5000 时的置信区间不包含 0，分别为 [-0.101, -0.012] 和 [0.012, 0.157]，表明工作控制和情绪压制在德行领导和工作-家庭冲突之间起中介作用，假设 8a 和假设 8b 得到支持。

四、交互效应检验

在组织行为领域探讨中介和调节效应时，尽管组织中很多现象都是机制和情境条件共同存在，但是大量研究还是将这两种效应单独进行检验，因而不能更加深入地解释组织现象。被中介的交互效应是以一种更加综合的视角看待组织中的现象,具体是指两个(或多个)自变量通过交互作用影响中介变量,进而对结果变量发挥作用。本书先检验自变量之间的交互效应对中介变量的影响,再检验被中介的交互效应。而且,相比以往多为探索两个自变量之间交互效应,本书也会检验家长式领导三种领导行为之间的交互效应,以加深对家长式领导效应的理解。

(一)简单交互效应检验

本书使用分布分析法中的潜调节结构模型法(latent moderated structural equations,LMS)(Klein and Moosbrugger,2000)检验威权领导、仁慈领导和德行领导之间的交互作用对情绪压制和工作控制的作用(见表 5-28 模型 2)。潜调节结构模型法是用结构方程模型检验调节效应更为准确的方法(Klein and Moosbrugger,2000;温忠麟等,2013)。假设 9 提出,当领导者显示高水平的德行领导行为时,仁慈领导对下属情绪压制的正向作用将会降低。研究结果表明,仁慈领导和德行领导的交互项可以减少下属情绪压制($\beta = -0.15$,$p < 0.01$),具体而言,当领导德行高时,仁慈领导降低下属情绪压制,而当领导德行低时,仁慈领导会增加下属情绪压制。交互效应图详见图 5-2,假设 9 得到支持。此外,威权领导、仁慈领导和德行领导的三元交互项会增加下属工作控制($\beta = 0.07$,$p < 0.01$),假设 11 得到支持。交互效应图详见图 5-4。

(二)被中介的交互效应检验

本书构建模型 3 检验被中介的交互效应。检验被中介的交互效应需要按照以下三个步骤统计:第一,检验自变量 2 是否影响自变量 1 和中介变量之间的关系,即简单交互效应检验;第二,检验中介变量和结果变量之间的关系;第三,在步骤一和步骤二的基础上,检验中介变量是否传递两个自变量交互效应对结果变量的影响(刘东等,2013)。根据这三个步骤,研究发现,仁慈领导和德行领导的交互作用会降低下属情绪压制($\beta = -0.17$,$p < 0.01$),而情绪压制会增

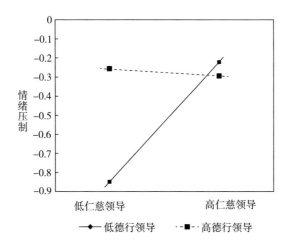

图 5-2 仁慈领导和德行领导的简单交互效应

加下属工作-家庭冲突（β=0.16，p<0.01）。仁慈领导和德行领导的交互作用通过降低情绪压制，减少他们工作-家庭冲突（β=-0.03，p<0.05），且 bootstrap 95%的置信区间不包含 0，为 [-0.058，-0.001]，假设 10 得到支持，如表 5-28 中模型 3 所示。交互效应图如图 5-3 所示。

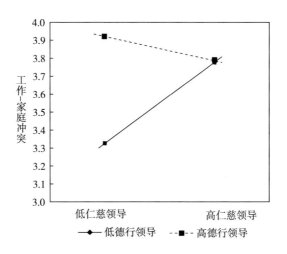

图 5-3 仁慈领导和德行领导的交互效应

本书还进一步检验了下属情绪压制在不同德行领导水平下的中介作用。研究发现，当德行领导高时，仁慈领导通过影响下属情绪压制对下属工作-家庭冲突的间接效应不显著（$\beta = -0.01$，$p > 0.05$），bootstrap 95%的置信区间包括0，为［-0.045，0.033］。而在德行领导低时，仁慈领导通过下属情绪压制对下属工作-家庭冲突的间接效应是显著的（$\beta = 0.07$，$p < 0.05$），并且 bootstrap 95%的置信区间不包括0，为［0.003，0.142］。当对德行领导高低两个不同水平下的间接效应进行比较时，发现仁慈领导通过下属情绪压制对下属工作-家庭冲突的间接效应影响存在差异（$\beta = -0.08$，$p < 0.05$），并且 bootstrap 95%的置信区间包括0，为［-0.152，-0.006］。这表明，相比德行领导在高水平时，德行领导在低水平时，仁慈领导通过情绪压制的间接效应影响下属工作-家庭冲突的作用更强。此外，研究结果表明，威权领导、仁慈领导和德行领导的交互作用没有通过下属工作控制影响下属工作-家庭冲突（$\beta = -0.08$，$p < 0.05$），bootstrap 95%的置信区间包括0，为［-0.017，0.016］，假设12没有得到支持。

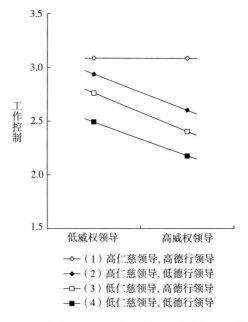

图5-4　威权领导、仁慈领导和德行领导的交互效应

表 5-28 中介效应和交互效应结果

变量	工作控制	情绪压制	工作-家庭冲突
理论模型			
截距	0.54	-0.36	0.22
性别	-0.12*	-0.15*	0.14*
是否有孩子	0.02	-0.06	0.12*
年龄	0.14**	0.04	-0.10
教育程度	0.14*	0.01	-0.10
工作性质	0.07	0.04	0.03
企业性质	0.09	0.03	0.09
威权领导	-0.07	0.27***	
仁慈领导	0.22**	0.10	
德行领导	0.23**	0.23**	
工作控制			0.28***
情绪压制			-0.20**
R^2	0.28***	0.14**	0.16***
模型 2			
截距	0.58	-0.41	
性别	-0.08*	-0.14*	
是否有孩子	0.03	-0.02	
年龄	0.09	0.03	
教育程度	0.09*	-0.02	
工作性质	0.06	0.05	
企业性质	0.04	0.01	
威权领导	-0.14**	0.20*	
仁慈领导	0.18**	0.15	
德行领导	0.17*	0.15	
威权领导×仁慈领导	0.05	0.15	
威权领导×德行领导	0.00	-0.08	
仁慈领导×德行领导	0.01	-0.15**	
威权领导×仁慈领导×德行领导	0.07**	-0.01	
R^2	0.64***	0.15**	

续表

变量	工作控制	情绪压制	工作-家庭冲突
模型 3			
截距	4. 15	3. 7	3. 26
性别	−0. 17*	−0. 13*	0. 12
是否有孩子	0. 03	−0. 01	0. 11
年龄	0. 07*	0. 05	−0. 09
教育程度	0. 08	0. 002	−0. 10
工作性质	0. 03	0. 02	0. 05
企业性质	0. 04	0. 001	0. 08
威权领导	−0. 08	0. 16*	0. 15*
仁慈领导	0. 22***	0. 09	0. 04
德行领导	0. 14*	0. 18*	0. 02
威权领导×仁慈领导	0. 10	0. 04	−0. 05
威权领导×德行领导	0. 05	0. 02	0. 10
仁慈领导×德行领导	−0. 03	−0. 17**	−0. 11†
威权领导×仁慈领导×德行领导	0. 00	−0. 01	0. 02
工作控制			−0. 15**
情绪压制			0. 16**
R^2	0. 23***	0. 13***	0. 16***

注：$N=404$，$*p<0.05$，$**p<0.01$，$***p<0.001$，$†p<0.1$。

第六章 研究结果与讨论

为解决研究问题，实现研究目标，本书采用问卷调查的实证研究方法，对家长式领导、工作控制、情绪压制和下属工作-家庭冲突四个主要的研究变量之间的关系提出了假设，并进行了检验。本书通过对 20 个研究假设的实证检验，获得了研究结果。本章将对这些研究发现进行深入讨论，并指出未来研究方向。

第一节 假设检验结果汇总

本书假设主要分为两部分，第一部分研究家长式领导行为中威权领导、仁慈领导和德行领导与下属工作-家庭冲突之间的关系，同时探讨工作控制和情绪压制在家长式领导中这三种领导行为与下属工作-家庭冲突之间的中介作用。第二部分研究家长式领导中威权领导、仁慈领导和德行领导这三种领导行为之间的交互项与下属工作-家庭冲突之间的关系，同时探讨工作控制和情绪压制在这三种领导行为与下属工作-家庭冲突交互效应之间的中介作用。假设检验结果如表 6-1 所示。

表6-1　本书假设检验结果汇总

假设	假设内容	检验结果
假设1a:	威权领导与下属工作-家庭冲突正相关	支持
假设1b:	仁慈领导与下属工作-家庭冲突负相关	未支持
假设2a:	威权领导行为与下属工作控制负相关	未支持
假设2b:	威权领导行为与下属情绪压制正相关	支持
假设3a:	仁慈领导行为与下属工作控制正相关	支持
假设3b:	仁慈领导行为与下属情绪压制负相关	未支持
假设4a:	德行领导行为与下属工作控制正相关	支持
假设4b:	德行领导行为与下属情绪压制正相关	支持
假设5a:	工作控制与下属工作-家庭冲突负相关	支持
假设5b:	情绪压制与下属工作-家庭冲突正相关	支持
假设6a:	下属工作控制在威权领导与下属工作-家庭冲突关系中起中介作用	未支持
假设6b:	下属情绪压制在威权领导与下属工作-家庭冲突关系中起中介作用	支持
假设7a:	下属工作控制在仁慈领导与下属工作-家庭冲突关系中起中介作用	支持
假设7b:	下属情绪压制在仁慈领导与下属工作-家庭冲突关系中起中介作用	未支持
假设8a:	下属工作控制在德行领导与下属工作-家庭冲突关系中起中介作用	支持
假设8b:	下属情绪压制在德行领导与下属工作-家庭冲突关系中起中介作用	支持
假设9:	仁慈领导和德行领导的交互项会减少下属情绪压制	支持
假设10:	仁慈领导和德行领导的交互项通过下属情绪压制降低下属工作-家庭冲突	支持
假设11:	威权领导、仁慈领导和德行领导的交互项会减少下属工作控制	支持
假设12:	威权领导、仁慈领导和德行领导的交互项通过下属工作控制降低下属工作-家庭冲突	未支持

第二节　研究结果的讨论

根据实证研究结果可以发现，本书中工作控制在仁慈领导和下属工作-家庭冲突关系，以及德行领导和下属工作-家庭冲突关系的中介效应得到支持，情绪压制在威权领导和下属工作-家庭冲突，以及德行领导和下属工作-家庭冲突关系中的中介效应得到支持。而仁慈领导和德行领导的交互效应不仅影响下属情绪压制，而且还通过下属情绪压制进一步降低下属工作-家庭冲突。本书还进一步检验了威权领导、仁慈领导和德行领导三者的交互作用，发现这三种领导行为的交互项可以减少下属情绪压制。本书在以下内容对研究结果进行讨论：

一、家长式领导对下属工作-家庭冲突作用

实证研究结果表明，威权领导会加剧下属工作-家庭冲突，假设 1a 得到支持。而仁慈领导与下属工作-家庭冲突无关，假设 1b 未得到支持。以往研究显示，仁慈领导向下属工作提供支持，希望下属敬业和努力工作（Skakon, et al., 2010），这可能会使下属在工作中投入更长时间，承担更多的工作，而导致在家庭领域投入不足，无法兼顾家庭角色，而引发下属工作-家庭冲突（Greenhaus and Beutell，1985）。

二、工作控制的中介作用

实证研究结果表明，仁慈领导和德行领导均会加强下属工作控制，而且，下属工作控制会降低他们的工作-家庭冲突。因而工作控制在仁慈领导和下属工作-家庭冲突关系中起中介作用，工作控制在德行领导和下属工作-家庭冲突的关系中也起中介作用。研究结果支持了假设 3a、假设 4a、假设 5a、假设 7a 和假设 8a。而威权领导并未减少下属工作控制，并且工作控制在威权领导和下属工作-家庭冲突的关系中未起到中介作用，假设 2a 和假设 6a 未得到支持。以往研究显示，在对工作控制的愿望上个体存在差异，即并不是所有员工都希望获得工作控制，因为工作控制也意味着决策和承担责任。换言之，缺少工作控制对某些员工而言会造成压力，对另一些员工则不会（Sparks et al.，2011）。因而，工作控制未在威权领导和下属工作-家庭冲突的关系中起到中

介作用。

三、情绪压制的中介作用

实证研究结果表明，威权领导和德行领导均会增加下属情绪压制，而下属情绪压制则会增加他们的工作-家庭冲突，并且下属情绪压制在威权领导和下属工作-家庭冲突的关系中起中介作用，情绪压制在德行领导和下属工作-家庭冲突的关系中也起到中介作用。研究结果支持了假设 2b、假设 4b、假设 5b、假设 6b 和假设 8b。而仁慈领导并未减少下属情绪压制，并且下属情绪压制并未在仁慈领导和下属工作-家庭冲突中起中介作用。假设 3b 和假设 7b 未得到支持。仁慈领导并未减少下属情绪压制，本书认为有以下三个原因：第一，仁慈领导虽然关心下属，但与下属之间仍然存在较高的权力距离，下属在面对仁慈领导时，会认为自己只是下属，应该遵从领导，因而倾向压制自己的情绪（Keltner et al.，2003）。第二，仁慈领导掌握下属需要的重要资源，如帮助下属职业发展的资源，下属出于自利动机，倾向在仁慈领导面前压制自己的情绪。第三，下属认为仁慈领导的另一种领导行为是威权领导（Chan et al.，2013），因而在与仁慈领导互动时，会回忆起领导的威权领导行为，因而倾向在仁慈领导面前压制自己的情绪。

四、家长式领导维度的交互作用

根据实证研究结果可以发现，本书中仁慈领导和德行领导的交互项会显著降低下属情绪压制，并且会通过下属情绪压制，减少下属工作-家庭冲突。假设 9 和假设 10 得到支持。进一步分析家长式领导的三元交互关系发现，威权领导、仁慈领导和德行领导的交互项会降低下属情绪压制，假设 11 得到支持。然而，情绪压制并未在威权领导、仁慈领导和德行领导的交互项与下属工作-家庭冲突的关系中起中介作用，假设 12 未得到支持。

第三节　理论创新点

家长式领导作为华人企业盛行的本土领导风格，随着亚洲经济的崛起引起学术界和实践界的持续关注。本书探索家长式领导对下属工作-家庭冲突的作用，在理论上取得如下进展：

第一，考虑中国本土元素——家长式领导，并探索中国企业内员工工作-家庭冲突现象。

学术界和理论界呼吁开展中国本土管理研究，以更加有效地指导中国企业管理实践。管理研究本土化的一种有效做法是采取本土相关元素作为理论构建因素（徐淑英和张志学，2011）。本书采用中国本土元素家长式领导作为理论构建的前因变量，相关研究结果说明了中国社会文化背景中特有的一些元素与中国企业内员工工作-家庭冲突之间存在紧密的关联性，因此，在对中国企业员工工作-家庭冲突研究中，不能忽视这些特殊元素的作用，本书纳入家长式领导行为，切实地反映、解释和预测中国企业中员工的工作-家庭冲突现象。

第二，拓宽了家长式领导研究的范围，从全面视角理解家长式领导。

家长式领导根植于中国传统文化，与西方领导行为只关注下属工作领域不同，家长式领导关怀员工工作和家庭两个领域。而以往研究主要探索家长式领导对下属工作领域态度和行为的影响，如工作满意度、绩效等方面，缺乏研究领导行为对下属家庭领域的影响。而家庭领域也是员工重要的活动场所，与工作领域不可分割，即家庭领域受工作领域的影响。工作-家庭冲突的概念由美国学者 Greenhaus 和 Beutell（1985）提出，阐述工作对家庭跨领域的影响。本书探索家长式领导对下属工作-家庭冲突的作用，扩展了家长式领导的研究范围（工作领导→家庭领域），深化了对家长式领导作用的理解。

第三，挖掘了家长式领导对下属工作-家庭冲突的影响机制，进一步打开作用"黑箱"。

以往研究在探讨领导行为对下属工作-家庭冲突的作用机制时，主要涉及认知领域的变量，如组织自尊、人际公正认知等。与这些研究不同，本书基于工作要求-资源模型和社会信息处理理论，从下属视角分析家长式领导对下属工作-家庭冲突影响的认知和情感双路径。在中国情境下，员工根据与家长式领导互动获取的信息，作为员工工作的重要情境，直接塑造员工的工作控制认知，引发员工的情绪反应。工作控制的降低减少了员工的工作资源，而员工压制情绪消耗员工的工作资源，工作资源的匮乏增加了员工的工作压力，减少了员工对家庭领域的投入，使员工经历工作-家庭冲突。此理论模型为解释本土领导行为与下属工作-家庭冲突之间的关系提供了新的理论视角，有助于更透彻地理解领导行为与下属工作-家庭冲突之间联结的深层影响机制，并启发未来研究在这方面进行更广泛而深入的探讨。

第四，探索了家长式领导交互效应，进一步阐释了家长式领导三个维度之间的作用关系，丰富了家长式领导的实证研究。

威权领导和仁慈领导的交互效应，以及威权领导和德行领导的交互效应在对工作控制和情绪压制的影响作用中，威权领导的影响作用更强烈。具体而言，威权领导专权和控制，要求下属绝对服从，否则对下属加以惩罚，以及贬抑下属贡献的这些行为，使仁慈领导和德行领导难以发挥作用。即威权领导对下属工作控制和情绪压制的作用不受仁慈领导和德行领导的影响。这一研究结果，揭示了威权领导对下属认知和情绪的消极作用，丰富了家长式领导的概念内涵的理解。

此外，以往家长式领导交互效应集中在"恩威并施"的领导行为上，研究其在工作场所的有效性。通过将家长式领导的交互作用从工作领域扩展到家庭领域，发现仁慈领导和德行领导的交互项可以通过情绪压制影响下属工作－家庭冲突。特别地，当领导德行低时，下属面对仁慈领导时，更倾向压制情绪，从而增加自身工作－家庭冲突。本书对仁慈领导和德行领导的概念构念进一步阐述。以往研究对仁慈领导和德行领导这两种领导行为的概念内涵存在不同的理解。例如，郑伯埙（2004）认为，仁慈领导和德行领导对下属反应有独立和显著的作用，遗憾的是，该研究没有提供实证研究对此加以检验。而段锦云（2012）在研究仁慈领导和德行领导的交互效应对下属建言行为的影响时，认为仁慈领导和德行领导的概念具有相关性和重叠性，因而两种领导行为的交互效应对下属建言行为没有影响。这提示研究者在进行家长式领导概念探讨时，非常有必要对仁慈领导和德行领导进行区分，宽泛地探讨仁慈领导和德行领导的概念内涵，很有可能会掩盖这些领导行为的独特效应。本书结果显示，仁慈领导和德行领导是两个独立的构念，对员工发挥独立和显著的作用（Cheng et al.，2004），其中，德行领导在仁慈领导和德行领导交互项对下属情绪压制影响过程中发挥重要作用。另外，研究结果显示，威权领导、仁慈领导和德行领导的交互项会减少下属情绪压制，表明仁慈领导和德行领导对威权领导与员工的负向关系有缓解作用（赵安安和高尚仁，2007）。综上所述，对家长式领导交互效应的探讨，揭示了仁慈领导和德行领导的独特效应，丰富了效应结果。

第四节 管理启示

近年来，愈演愈烈的工作－家庭冲突对员工福祉和组织效能产生消极作用，这使降低员工工作－家庭冲突的重要性日渐凸显（林忠等，2013）。对于组织而言，其员工如果能减少工作-家庭冲突，将减少员工病假、缺勤和离职，增加员工工作满意度、绩效和对组织的承诺；对于员工个人而言，降低工作-家庭冲突，将增加员工的身心健康和生活满意度（Allen et al.，2000）。本书对企业的管理启示体现在以下三个方面：

第一，威权领导能够增加下属工作-家庭冲突，这提示企业各级领导者若想降低下属工作-家庭冲突，领导者必须自己充分认识到威权领导行为对下属认知和情绪的负向影响。尤其是，威权领导行为中一些贬损下属人格和严密控制等行为。威权领导应考虑从组织文化、价值观和制度层面上建立权威，因为相比个人权威，员工更易接受建立在组织文化、价值观和制度基础上的权威。

第二，在领导和下属互动过程中，如果能够增加下属工作控制，减少下属情绪压制，将会降低下属工作-家庭冲突。具体而言，威权领导通过增加下属情绪压制行为，而增加他们的工作-家庭冲突。这提示企业各级管理者必须适当地调整自己的威权管理行为，尤其是减少一些贬损下属人格的行为，如贬抑下属能力、轻视下属贡献等。研究还显示，仁慈领导通过增加下属工作控制，减少他们的工作-家庭冲突。鉴于此，组织各级领导可以考虑通过向下属提供工具支持的方式，降低下属工作中的压力，进而减少他们的工作-家庭冲突。此外，德行领导会引发下属情绪压制，影响下属工作-家庭冲突，这提示企业各级领导应尽量向员工提供情感支持，鼓励员工表达真实感情。总而言之，组织各级领导可以考虑通过减少贬损下属人格的威权领导行为，并向下属提供工具支持和情感支持的方式，降低下属工作中的压力，进而减少他们的工作-家庭冲突。

第三，在仁慈领导和德行领导交互项与下属情绪压制的关系中，研究发现，德行领导能够放大仁慈领导对下属情绪压制的负向作用，降低员工的工作-家庭冲突。以往研究显示，仁慈领导具有偏私倾向，对下属并非一视同仁（张瑞平等，2013）。具体而言，在对下属工作分配、赏罚、晋升以及关心下属家庭生活方面，仁慈领导都是依据自己的判断，并非依据公平或平均法则（樊景立和郑伯埙，2000；林姿莹和郑伯埙，2012）。正因为如此，领导表现出公平公正和以身作则的道德品质就显得尤为重要（务凯，2014）。这表明，组织各级领导在与下属互动时，要认识到仁慈领导的局限性，并加以适当地调整。例如，一视同仁对待下属，而不是将下属分为圈内人和圈外人。而且，仁慈领导应致力于建立非个人恩惠的管理行为，因为比起个人恩惠，建立在公平公正原则上的管理行为更容易被员工接受。

第五节　局限性和未来研究展望

本书通过实证研究对家长式领导、下属工作控制、情绪压制和下属工作-家庭冲突之间的作用机制进行了探索，具有一定的理论与实践意义。但是，本书仍存在以下三点不足，需要进一步深入探索与完善：

第一，研究设计方面。本书使用横截面数据，尚不能严格地评估变量之间的因果关系。而家长式领导行为通过工作控制和情绪压制的中介机制作用于下属工作-家庭冲突，这个中介作用过程可能包含一定的时间效应，希望未来研究能够收集具有较大时间跨度的纵向追踪数据来检验研究问题。例如，在第一个时间点测量家长式领导的威权领导、仁慈领导和德行领导行为，在第二个时间点测量下属工作控制和情绪压制，在第三个时间点测量下属工作-家庭冲突。

第二，本书数据来自北京一地的 IT、制造业和房地产业，研究样本还存在数量较少，所涉行业不多的问题。在未来研究中，可以扩充样本量，并从其他区域、其他行业等方面进行数据收集，进一步使数据来源多样化，增加研究结论的说服力。

第三，本书在揭示家长式领导的威权领导、仁慈领导和德行领导影响下属工作-家庭冲突的作用机制中，还需考虑一些调节变量。在领导和下属互动过程中，下属态度和行为不仅受领导因素的影响，还受到下属特征的影响。换句话说，基于传统儒家文化的家长式领导行为是否能影响下属工作控制和情绪压制，还需要考虑下属特征，特别是下属的文化价值观。例如，研究发现，下属权威主义取向能够缓冲威权领导的负面效应，而下属集体主义价值观能强化威权领导的负面效应（李锐和田晓明，2014），未来研究可以从下属文化价值观的视角切入，探究家长式领导通过工作控制和情绪压制影响下属工作-家庭冲突的边界条件。例如，Keltner 等（2003）研究显示，当与权力地位高的个体互动时，权力地位低的个体更倾向压制自己的情绪反应，避免冒犯权力地位高的个体，未来可以探索权力距离的调节作用。

参考文献

［1］常涛，刘智强，景保峰．家长式领导与团队创造力：基于三元理论的新发现［J］．研究与发展管理，2016，28：62-72．

［2］陈皓怡，高尚仁，吴治富．家长式领导对国籍部属身心健康之影响：以华人外派主管为例［J］．应用心理研究，2007，36：223-244．

［3］陈晓萍，徐淑英，樊景立．组织与管理研究的实证方法［M］．北京：北京大学出版社，2010．

［4］陈忠卫，田素芹．工作-家庭冲突双向性理论评述［J］．经济与管理，2012，26：58-63．

［5］陈璐，杨百寅，井润田，王国锋．家长式领导、冲突与高管团队战略决策效果的关系研究．南开管理评论，2010，13（5），4-11．

［6］邓志华，陈维政，黄丽，等．服务型领导与家长式领导对员工态度和行为影响的比较研究［J］．经济与管理研究，2012，7：101-110．

［7］邓子鹃．工作家庭冲突、工作效能感与工作生活质量——基于苏北268名高校女教师的实证研究［J］．教育学术月刊，2013，3：34-38．

［8］段锦云．家长式领导对员工建言行为的影响：心理安全感的中介机制［J］．管理评论，2012，24：109-116．

[9] 樊景立，郑伯埙. 华人组织的家长式领导：一项文化观点的分析 [J]. 本土心理学研究，2000，13：127-180.

[10] 高昂，曲庆，杨百寅，等. 家长式领导对团队工作绩效的影响研究——领导才能的潜在调节作用 [J]. 科学学与科学技术管理，2014，35：100-108.

[11] 高日光，王碧英，凌文辁. 德之根源——领导理论中国化研究及其反思 [J]. 科技管理研究，2006，26，144-147.

[12] 高祥宝，董寒青. 数据分析与 SPSS 应用 [M]. 北京：清华大学出版社，2007.

[13] 高中华，赵晨. 工作家庭两不误为何这么难？基于工作家庭边界理论的探讨 [J]. 心理学报，2014，46：552-568.

[14] 高中华，赵晨，付悦. 工匠精神的概念、边界及研究展望 [J]. 经济管理，2020，10：192-208.

[15] 耿紫珍，马乾，丁琳. 从谏或噤声？家长式领导对团队创造力的影响 [J]. 科研管理，2021，42：200-206.

[16] 郭晞澄，马红宇，姜海，等. 集体主义-个体主义文化视角下工作-家庭关系差异分析 [J]. 心理科学进展，2017，25：1036-1044.

[17] 侯杰泰，温忠麟，成子娟. 结构方程模型及其应用 [M]. 北京：教育科学出版社，2004.

[18] 吉尔特·霍夫斯泰德，格特·扬·霍夫斯泰德. 文化与组织：心理软件的力量 [M]. 李原，孙健敏，译，北京：中国人民大学出版社，2010.

[19] 姜定宇. 从组织承诺到组织忠诚：华人组织忠诚的概念内涵与结构 [J]. 心理科学进展，2013，21：711-720.

[20] 金家飞，徐姗，王艳霞. 角色压力、工作家庭冲突和心理抑郁的中美比较-社会支持的调节作用 [J]. 心理学报，2014，46：1144-1160.

[21] 晋琳琳，陈宇，奚菁．家长式领导对科研团队创新绩效影响：一项跨层次研究［J］．科研管理，2016，37：107-116.

[22] 鞠芳辉，谢子远，宝贡敏．西方本土：变革型，家长型领导行为对民营企业绩效影响的比较研究［J］．管理世界，2008，5：85-101.

[23] 鞠蕾．辱虐管理与员工工作-家庭冲突——组织公正与心理困扰的中介作用［J］．财经问题研究，2016，6：110-116.

[24] 邝颂东，高中华，李超平．工作-家庭冲突对教师离职意向的影响：组织承诺中介作用的实证研究［J］．心理研究，2009，2：58-62.

[25] 雷丁．华人资本主义精神［M］．谢婉莹，译．上海：格致出版社，2009.

[26] 李爱梅，王笑天，熊冠星，等．工作影响员工幸福体验的"双路径模型"探讨——基于工作要求-资源模型的视角［J］．心理学报，2015，47：624-636.

[27] 李超平，孟慧，时勘．变革型领导、家长式领导、PM理论与领导有效性关系的比较研究［J］．心理科学，2007，30：1477-1481.

[28] 李海，姚蕾，张勉，等．工作-家庭冲突交叉效应的性别差异［J］．南开管理评论，2017，20：153-164.

[29] 李珲，丁刚，李新建．基于家长式领导三元理论的领导方式对员工创新行为的影响［J］．管理学报，2014，11：1005-1013.

[30] 李锐，田晓明．主管威权领导与下属前瞻行为：一个被中介的调节模型构建与检验［J］．心理学报，2014，46：1719-1733.

[31] 李锐，田晓明，柳士顺．仁慈领导会增加员工的亲社会性规则违背吗？［J］．心理学报，2015，47：637-652.

[32] 李艳，孙健敏，焦海涛．分化与整合——家长式领导研究的走向［J］．心理科学进展，2013，21：1294-1306.

[33] 梁建，樊景立. 理论构念的测量［M］//陈晓萍，徐淑英，樊景立. 组织与管理研究的实证方法（第2版）. 北京：北京大学出版社，2013.

[34] 林家五，王悦紫，胡宛仙. 真诚领导与仁慈领导对组织公民行为及主管忠诚之差异效果［J］. 本土心理学研究，2012，38：205-256.

[35] 林声洙，杨百寅. 家长式领导对员工工作满意度的影响：组织支持感的中介作用［J］. 现代管理科学，2013，2：3-5.

[36] 林忠，鞠蕾，陈丽. 工作-家庭冲突研究与中国议题：视角、内容和设计［J］. 管理世界，2013，9：154-171.

[37] 林忠，侯鑫远，夏福斌，等. 家长式领导与员工工作繁荣关系研究：工作-家庭增益的中介效应［J］. 中国软科学，2021，10：115-125.

[38] 林姿葶，郑伯埙. 华人领导者的嘘寒问暖与提携教育：仁慈领导之双构面模式［J］. 本土心理学研究，2012，37：253-302.

[39] 凌文辁，陈龙，王登. CPM领导行为评价量表的建构［J］. 心理学报，1987，2：199-207.

[40] 刘东，张震，汪默. 被调节的中介和被中介的调节：理论构建与模型检验［M］//陈晓萍，徐淑英，樊景立. 组织与管理研究的实证方法（第2版）. 北京：北京大学出版社，2013.

[41] 刘取芝. 领导与下属工作压力关系研究综述［J］. 河海大学学报（哲学社会科学版），2015，17：73-78.

[42] 刘善仕，凌文辁. 家长式领导与员工价值取向关系实证研究［J］. 心理科学，2004，27：674-676.

[43] 刘云香，朱亚鹏. 中国的"工作-家庭"冲突：表现、特征与出路［J］. 公共行政评论，2013，6：38-60.

[44] 龙立荣，毛盼盼，张勇，等. 组织支持感中介作用下的家长式领导对员工工作疏离感的影响［J］. 管理学报，2014，8：1150-1157.

［45］卢福财，陈小锋．知识员工心理契约、组织信任与知识共享意愿［J］．经济管理，2012，4：76-83.

［46］路红，孙桂芳，刘毅．德行领导对工作投入的影响［J］．广州大学学报（自然科学版），2014，13：91-95.

［47］芦青，宋继文，夏长虹．道德领导的影响过程分析：一个社会交换的视角［J］．管理学报，2011，8：1802-1812.

［48］鲁良．家长式领导对工作沉迷的影响研究［J］．经济论坛，2012，9：156-157.

［49］吕力．泛家族式组织的成员身份、行为与结构［J］．商业经济与管理，2016，5：47-56.

［50］毛畅果，范静博，刘斌．家长式领导对员工建言行为的三阶交互效应［J］．首都经济贸易大学学报，2020，22：102-112.

［51］邱皓政．结构方程模型的原理与应用［M］．北京：中国轻工业出版社，2010.

［52］仇勇，杨旭华．家长式领导对高校教师工作行为的影响研究——基于任务绩效和组织公民行为的差异视角［J］．复旦教育论坛，2015，13：62-71.

［53］任迎伟，李思羽．国企背景下家长式领导与员工反生产行为：基于互动公平的中介效应［J］．四川大学学报（哲学社会科学版），2016，5：144-152.

［54］邵康华，廖纮亿．家长式领导对员工不道德亲组织行为的影响研究［J］．领导科学，2019，6：111-115.

［55］田爱国．统计学［M］．北京：中国铁道出版社，2004.

［56］田在兰，黄培伦．差序式领导理论的发展脉络及与其他领导行为的对比研究［J］．科学学与科学技术管理，2013，34：150-157.

［57］佟丽君，周春淼．企业员工工作-家庭冲突对工作和生活满意度的影响——大五人格的调节作用检验［J］．心理科学，2009，32：604-606．

［58］王安智．德行领导：本土概念或普同现象？［J］．中华心理学刊，2014，56：149-164．

［59］汪林，储小平，彭草蝶，等．家族角色日常互动对家长式领导发展的溢出机制研究——基于家族企业高管团队日志追踪的经验证据［J］．管理世界，2020，36：98-110．

［60］王裴岩，蔡东风．基于统计检验的核函数度量方法研究［J］．计算机科学，2015，42：199-205．

［61］王双龙．华人企业的家长式领导对创新行为的作用路径研究［J］．科研管理，2015，36：105-112．

［62］王在翔．社会统计理论与实践［M］．青岛：中国海洋大学出版社，2008．

［63］温忠麟，吴艳，侯杰泰．潜变量交互效应结构方程：分布分析方法［J］．心理学探新，2013，33：409-414．

［64］吴磊，周空．家长式领导风格下知识共享行为研究：主管信任的中介效应［J］．科技进步与对策，2016，33：149-154．

［65］吴亮，张迪，伍新春．工作特征对工作者的影响——要求-控制模型与工作要求-资源模型的比较［J］．心理科学进展，2010，18：348-355．

［66］吴敏，黄旭，徐玖平，等．交易型领导、变革型领导与家长式领导行为的比较研究［J］．科研管理，2007a，28：168-176．

［67］吴敏，黄旭，阎洪，等．领导行为与领导有效性关系的比较研究［J］．软科学，2007b，21：5-9．

［68］吴明隆．SPSS统计应用实务［M］．北京：科学出版社，2003．

［69］吴士健，孙专专，刘新民，等．家长式领导有助于员工利他行为

吗？——基于中国情境的多重中介效应研究［J］. 管理评论，2020，32：205-217.

［70］吴宗祐，徐玮伶，郑伯埙. 怒不可遏或忍气吞声？华人企业中主管威权领导行为与部属愤怒情绪反应的关系［J］. 本土心理学研究，2002，19：3-49.

［71］吴宗祐，周丽芳，郑伯埙. 主管的权威取向及其对部属顺从与畏惧的知觉对威权领导的预测效果［J］. 本土心理学研究，2008，30：65-115.

［72］务凯，李永鑫，刘霞. 家长式领导与员工建言行为：领导-成员交换的中介作用［J］. 心理与行为研究，2016，14：384-389.

［73］吴艳，温忠麟. 结构方程建模中的题目打包策略［J］. 心理科学进展，2011，19：1859-1867.

［74］辛兰芬. 新编统计基础教参与题解［M］. 大连：大连理工大学出版社，2004.

［75］徐淑英，张志学. 管理问题与理论建立：开展中国本土管理研究的策略［J］. 重庆大学学报（社会科学版），2011，17：1-7.

［76］徐长江，王黎华，刘敏芳. 中小学教师的工作家庭冲突对工作态度的影响［J］. 中国临床心理学，2010，18：114-118.

［77］薛薇. 统计分析与 SPSS 的应用（第三版）［M］. 北京：电子工业出版社，2013.

［78］杨东娴. 社会调查数据平台中统计软件包 R 的应用［J］. 科研信息化技术与应用，2011，2：86-92.

［79］杨继平，王兴超，高玲. 道德推脱的概念、测量及相关变量［J］. 心理科学进展，2010，18：671-678.

［80］于海波，关晓宇，郑晓明. 家长式领导创造绩效，服务型领导带来满意——两种领导行为的整合［J］. 科学学与科学技术管理，2014，35：

172-180.

［81］于海波，郑晓明，方俐洛，等．如何领导组织学习：家长式领导与组织学习的关系［J］．科研管理，2008，29：180-186.

［82］赵安安，高尚仁．台湾地区华人企业家长式领导风格与员工压力之关联［J］．应用心理研究，2005，27：111-131.

［83］曾楚宏，李青，朱仁宏．家长式领导研究述评［J］．外国经济与管理，2009，31：38-44.

［84］曾垂凯．家长式领导与部属职涯高原：领导-成员关系的中介作用［J］．管理世界，2011（5）：109-119.

［85］张海军，郭小涛，陈波，等．家长式领导行为对大学生运动员心理幸福感的影响——自我决定理论的视角［J］．武汉体育学院学报，2015，49：82-88.

［86］张佳良，刘军．本土管理理论探索10年征程评述——来自《管理学报》2008-2018年438篇论文的文本分析［J］．管理学报，2018，15：6-16.

［87］张力为．信度的正用与误用［J］．北京体育大学学报，2002，25：348-350.

［88］张伶，胡藤．工作-家庭冲突结果变量的实证研究——以高校教师为例［J］．华南师范大学学报（社会科学版），2007，5：130-136.

［89］张伶，聂婷．员工积极组织行为影响因素的实证研究：工作-家庭冲突的中介作用［J］．管理评论，2011，23：100-107.

［90］章璐璐，杨付，古银华．包容型领导：概念、测量及与相关变量的关系［J］．心理科学进展，2016，24：1467-1477.

［91］张勉，李海，魏钧，等．交叉影响还是直接影响？工作-家庭冲突的影响机制［J］．心理学报，2011，43：573-588.

［92］张瑞平，杨帅，李庆安．仁慈型领导研究述评［J］．心理科学进展，

2013，21：1307-1316.

[93] 张松群，陆卫群．男女性别角色差异的社会学分析 [J].新西部，2014，13：101-102.

[94] 张燕，怀明云．威权式领导行为对下属组织公民行为的影响研究——下属权力距离的调节作用 [J].管理评论，2012，24：97-105.

[95] 张振刚，崔婷婷，余传鹏．家长式领导对组织效能的影响：知识分享意愿的中介作用．科技管理研究，2015，9，191-201.

[96] 郑伯埙．华人文化与组织领导：由现象描述到理论验证 [J].本土心理学研究，2004，22：195-251.

[97] 郑伯埙，黄敏萍．华人企业组织中的领导：一项文化价值的分析 [J].中山管理评论，2000，8：583-617.

[98] 郑伯埙，周丽芳，樊景立．家长式领导量表：三元模式的建构与测量 [J].本土心理学研究，2000，14：3-64.

[99] 郑伯埙，周丽芳，黄敏萍．家长式领导的三元模式：中国企业组织的证据 [J].本土心理学研究，2003，20：209-251.

[100] 郑伯埙，庄仲仁．基层军事干部有效领导行为之因素分析：领导绩效、领导角色与领导行为之关系 [J].中华心理学刊，1981，4：2-41.

[101] 周浩，龙立荣．共同方法偏差的统计检验与控制方法 [J].心理科学进展，2004，12：942-950.

[102] 周浩，龙立荣．恩威并施，以德服人——家长式领导研究 [J].心理科学进展，2005，13：227-238.

[103] 周浩，龙立荣．家长式领导与组织公正感的关系 [J].心理学报，2007，39：909-917.

[104] 周建明，阮超．威权型领导力对下属工作绩效的影响：领导-成员交换的调节作用 [J].管理学家（学术版），2010，4：49-58.

［105］周婉茹，郑伯埙，连玉辉．威权领导：概念源起、现况检讨及未来方向［J］．中华心理学刊，2014，56：165-189.

［106］周莹．组织支持相关理论研究综述［J］．华东经济管理，2009，23：142-144.

［107］朱金强，徐世勇．反生产力工作行为与亲社会违规行为——基于道德补偿理论的视角［J］．经济管理，2015，10：75-85.

［108］朱永跃，马媛，欧阳晨慧，等．家长式领导与制造企业员工工匠精神：工作卷入和团队积极情绪氛围的影响［J］．系统管理学报，2022，31：89-103.

［109］Adams G A, Lynda A K, King D W. Relationships of job and family involvement, family social support, and work-family conflict with job and life satisfaction ［J］. Journal of Applied Psychology, 1996, 81: 411-420.

［110］Allen T D. The work-family interface. In SWJ Kozlowski（Eds.）The Oxford handbook of organizational psychology ［M］. New York: Oxford University Press, 2012.

［111］Allen T D, Herst D E L, Bruck C S, et al.. Consequences associated with work-to-family conflict: A review and agenda for future research ［J］. Journal of occupational Health Psychology, 2000, 5: 278-308.

［112］Amabile T M. A model of creativity and innovation in organizations ［M］//Staw B M, Cummings L L. Research in organizational-behavior. Greenwich, CT: JAI Press, 1988.

［113］Amstad F T, Meier L L, Fasel U, et al.. A meta-analysis of work-family conflict and various outcomes with a special emphasis on cross-domain versus matching-domain relations ［J］. Journal of Occupational Health Psychology, 2011, 11: 151-169.

[114] Andreassi J K, Thompson C A. Dispositional and situational sources of control: Relative impact on work-family conflict and positive spillover [J]. Journal of Managerial Psychology, 2007, 22: 722-740.

[115] Arnold M B. Emotion and personality: Psychological aspects [M]. New York: Columbia University Press, 1960.

[116] Aryee S, Chen Z X, Sun L, et al. Antecedents and outcomes of abusive supervision: Test of a trickle-down model [J]. Journal of Applied Psychology, 2007, 92: 191-201.

[117] Aryee S, Fields D, Luk V. A cross-cultural test of a model of the work-family interface [J]. Journal of Management, 1999, 25: 491-511.

[118] Aryee S, Walumbwa F O, Mondejar R, et al. Core self-evaluations and employee voice behavior: Test of a dual-motivational pathway [J]. Journal of Management, 2014, 43: 946-966.

[119] Aycan Z. Paternalism: Towards conceptual refinement and operationalization [M] //Yang K S, Hwang K K, Kim L I. Scientific advances in indigenous psychologies: Empirical, philosophical, and cultural contributions [M]. London, England: SAGE, 2006.

[120] Aycan Z, Eskin M. Relative contributions of childcare, spousal support, and organizational support in reducing work-family conflict for men and women: The case of Turkey [J]. Sex Roles, 2005, 53: 453-471.

[121] Breaugh J A. The measurement of work autonomy [J]. Human Relations, 1985, 38 (6), 551-570.

[122] Bakker A B, Demerouti E. The job demands-resources model: State of the art [J]. Journal of Managerial Psychology, 2007, 22: 309-328.

[123] Bakker A B, Demerouti E, Dollard M F. How job demands affect part-

ners' experience of exhaustion: Integrating work-family conflict and crossover theory [J]. Journal of Applied Psychology, 2008, 93: 901-911.

[124] Banai M, Reisel W D, Probst T M. A managerial and personal control model: Predictions of work alienation and organizational commitment in Hungary [J]. Journal of International Management, 2004, 10: 375-392.

[125] Bass B M. Leadership and performance beyond expectations [M]. New York: Free Press, 1985.

[126] Bateman T S, Crant J M. The proactive component of organizational behavior: A measure and correlates [J]. Journal of Organizational Behavior, 2010, 14: 103-118.

[127] Beatty C A. The stress of managerial and professional women: Is the price too high? [J]. Journal of Organizational Behavior, 1996, 17: 233-251.

[128] Bedell K, Hunter S, Angie A, et al. A historiometric examination of Machiavellianism and a new taxonomy of leadership [J]. Journal of Leadership & Organizational Studies, 2006, 12: 50-72.

[129] Bond F W, Bunce D. The role of acceptance and job control in mental health, job satisfaction, and work performance [J]. Journal of Applied Psychology, 2003, 88: 1057-1067.

[130] Brauchli R, Bauer G F, Hämmig O. Job autonomy buffers the impact of work-life conflict on organizational outcomes: A large-scale cross-sectional study among employees in Switzerland [J]. Swiss Journal of Psychology, 2013, 2: 77-86.

[131] Braun S, Nieberle K W A M. Authentic leadership extends beyond work: A multilevel model of work-family conflict and enrichment [J]. Leadership Quarterly, 2017, 28: 780-797.

[132] Brislin R W. The wording and translation of research instrument [M].

Beverly Hills, CA: Sage, 1986.

[133] Brockman R, Ciarrochi J, Parker P, et al.. Emotion regulation strategies in daily life: Mindfulness, cognitive reappraisal and emotion suppression [J]. Cognitive Behaviour Therapy, 2017, 46: 91-113.

[134] Bruck C S, Allen T D. The relationship between big five personality traits, negative affectivity, type A behavior, and work-family conflict [J]. Journal of Vocational Behavior, 2003, 63: 457-472.

[135] Butler E A, Lee T L, Gross J J. Emotion regulation and culture: Are the social consequences of emotion suppression culture - specific? [J]. Emotion, 2007, 7: 30-48.

[136] Byron K. A meta-analytic review of work-family conflict and its antecedents [J]. Journal of Vocational Behavior, 2005, 67: 169-198.

[137] Canivet C, Ostergren P O, Lindeberg S I, et al. Conflict between the work and family domains and exhaustion among vocationally active men and women [J]. Social Science & Medicine, 2010, 70: 1237-1245.

[138] Carlson D S. Personality and role variables as predictors of three forms of work-family conflict [J]. Journal of Vocational Behavior, 1999, 55: 236-253.

[139] Carlson D S, Kacmar K M, Williams L J. Construction and initial validation of a multidimensional measure of work-family conflict [J]. Journal of Vocational Behavior, 2000, 56: 249-276.

[140] Chan S C. Paternalistic leadership and employee voice: Does information sharing matter? [J]. Human Relations, 2014, 67: 667-693.

[141] Chan S, Huang X, Snape E, et al.. The Janus face of paternalistic leaders: Authoritarianism, benevolence, subordinates' organization-based selfesteem, and performance [J]. Journal of Organizational Behavior, 2013, 34:

108-128.

［142］ Chan S C H, Mak W M. Benevolent leadership and follower perform-ance: The mediating role of leader-member exchange (LMX) ［J］. Asia Pacific Journal of Management, 2012, 29: 285-301.

［143］ Chen H, Kao H S. Chinese paternalistic leadership and non-Chinese subordinates' psychological health ［J］. The International Journal of Human Re-source Management, 2009, 20: 2533-2546.

［144］ Chen X, Eberly M, Chiang T, et al. . Affective trust in Chinese lead-ers: Linking paternalistic leadership to employee performance ［J］. Journal of Man-agement, 2014, 40: 796-819.

［145］ Cheng B S, Chou L F, Farh J L. A triad model of paternalistic leader-ship: Constructs and measurement ［J］. Indigenous Psychological Research, 2000, 14: 3-64.

［146］ Cheng B, Chou L, Wu T, et al. . Paternalistic leadership and subordi-nate responses: Establishing a leadership model in Chinese organizations ［J］. Asian Journal of Social Psychology, 2004, 7: 89-117.

［147］ Cheung G, Rensvold R. Evaluating goodness-of-fit indexes for testing measurement invariance ［J］ . Structural Equation Modeling: A Multidisciplinary Journal, 2002, 9: 233-255.

［148］ Chou H. Effects of paternalistic leadership on job satisfaction-regulatory foucs as the mediatior ［J］. International Journal of Organizational Innovation, 2012, 4: 62-85.

［149］ Christie R G F L. Studies in Machiavellianism ［M］. New York: Aca-demic Press, 1970.

［150］ Clark S C. Work/family border theory: A new theory of work/family balance [J]. Human Relations, 2000, 53: 747-770.

[151] Clegg S R, Vieira De Cunha J, Cunha M P E. Management parodoxes: A relational view [J]. Human Relations, 2002, 55: 483-503.

[152] Colquitt J A, Conlon D E, Wesson M J, et al. Justice at the millennium: A meta-analytic review of 25 years of organizational justice research [J]. Journal of Applied Psychology, 2001, 86: 425-445.

[153] Connelly S, Gooty J. Leading with emotion: An overview of the special issue on leadership and emotions [J]. Leadership Quarterly, 2015, 26: 485-488.

[154] Daniels K, Beesley N, Wimalasiri V, et al.. Problem solving and well-being [J]. Journal of Management, 2012, 39: 1016-1043.

[155] Demerouti E, Bakker A, Nachreiner F, et al.. The job demands-resources model of burnout [J]. Journal of Applied Psychology, 2001, 86: 499-512.

[156] Duxbury L E, Higgins C A. Gender differences in work-family conflict [J]. Journal of Applied Psychology, 1991, 76: 60-73.

[157] Demerouti E, Bakker A, Nachreiner F, Schaufeli W. The job demands-resources model of burnout. Journal of Applied Psychology, 2001, 86, 499-512.

[158] Dorfman P W, Howell J P. Dimensions of national culture and effective leadership patterns: Hofstede Revisited. Advances in International Comparative Management, 1998, 3 (1), 127-150.

[159] Elfering A, Grebner S, Ganster D C, Berset M, Kottwitz M U, Semmer N K. Cortisol on Sunday as indicator of recovery from work: Prediction by observer ratings of job demands and control [J]. Work and Stress, 2018, 32 (2), 168-188.

[160] Eby L T, Lockwood A, Brinley A, et al.. Work and family research in

IO/OB: Content analysis and review of the literature（1980-2002）［J］. Journal of Vocational Behavior, 2005, 66: 124-197.

［161］Edwards J R, Rothbard N P. Mechanisms linking work and family: Clarifying the relationship between work and family constructs［J］. Academy of Management Review, 2000, 25: 178-199.

［162］Elovainio M, Kivimaki M, Helkama K. Organizational justice evaluations, job control, and occupational strain［J］. Journal of Applied Psychology, 2001, 86: 418-424.

［163］Eisenberger R, Huntington R, Hutchison S, et al.. Perceived organizational support［J］. Journal of Applied Psychology, 1986, 71: 500-507.

［164］Elovainio M, Kivimäki M, Steen N, et al. Organizational and individual factors affecting mental health and job satisfaction: A multilevel analysis of job control and personality［J］. Journal of Occupational Health Psychology, 2000, 5: 269-277.

［165］Erben G, Güneşer A B. The relationship between paternalistic leadership and organizational commitment: Investigating the role of climate regarding ethics［J］. Journal of Business Ethics, 2008, 82: 955-968.

［166］Erickson J J, Giuseppe. Putting work and family experiences in context: Differences by family life stage［J］. Human Relations, 2010, 63: 955-979.

［167］Farh J L, Cheng B. S. A cultural analysis of paternalistic leadership in Chinese organizations［M］//Li J T, Tsui A S, Weldon E. Management and Organizations in the Chinese Context. London: Macmillan, 2000.

［168］Farh J L, Cheng B S, Chou L F, et al. Authority and benevolence: Employees' responses to paternalistic leadership in China［M］//Tsui A S, Bian Y, Cheng L. China's domestic private firms: Multidisciplinary perspectives on management and performance. New York: Sharpe, 2006.

[169] Farh J L, Liang J, Chou L F, et al. Paternalistic leadership in Chinese organizations: Research progress and future research directions [M] //Chen C C, Lee Y T. Business leadership in China: Philosophies, theories, and practices. Cambridge, UK: Cambridge University Press, 2008.

[170] Ferguson M. You cannot leave it at the office: Spillover and crossover of coworker incivility [J]. Journal of Organizational Behavior, 2012, 33: 571-588.

[171] Foley S, Hang-Yue N, Lui S. The effects of work stressors, perceived organizational support, and gender on work-family conflict in Hong Kong [J]. Asia Pacific Journal of Management, 2005, 22: 237-256.

[172] Fox S, Spector P E, Miles D. Counterproductive work behavior (CWB) in response to job stressors and organizational justice: Some mediator and moderator tests for autonomy and emotions [J]. Journal of Vocational Behavior, 2001, 59: 291-309.

[173] French K A, Dumani S, Allen T D, et al.. A meta-analysis of work-family conflict and social support [J]. Psychological Bulletin, 2018, 144: 284-314.

[174] Frone M R, Barnes G M, Farrell M P. Relationship of work-family conflict to substance use among employed mothers: The role of negative affect [J]. Journal of Marriage & Family, 1994, 56: 1019-1030.

[175] Frone M R, Russell M, Barnes G M. Work-family conflict, gender, and health-related outcomes: A study of employed parents in two community samples [J]. Journal of Occupational Health Psychology, 1996, 1: 57-69.

[176] Frone M R, Russell M, Cooper M L. Antecedents and outcomes of work-family conflict: Testing a model of the work-family interface [J]. Journal of Applied Psychology, 1992, 77: 65-78.

[177] Frone M R, Yardley J K. Workplace family-supportive programmes: Predictors of employed parents' importance ratings [J]. Journal of Occupational and Organizational Psychology, 1996, 69: 351-366.

[178] Ganster D C. Measurement of worker control. Final report to the National Institute of Occupational Safety and Health (Contract No. 88-79187) [Z]. Cincinnati, OH: National Institute of Occupational Safety and Health, 1989.

[179] Gautreau C M, Sherry S B, Sherry D L, et al. Does catastrophizing of bodily sensations maintain health-related anxiety? A 14-day daily diary study with longitudinal follow-up [J]. Behavioural and Cognitive Psychotherapy, 2012, 43: 502-512.

[180] Gong Y, Wang M, Huang J C, et al.. Toward a goal orientation-based feedback-seeking typology: Implications for employee performance outcomes [J]. Journal of Management, 2017, 43: 1234-1260.

[181] Greenberg J. Organizational justice: Yesterday, today, and tomorrow [J]. Journal of Management, 1990, 16: 399-432.

[182] Greenhaus J H, Beutell N J. Sources of conflict between work and family roles [J]. Academy of Management Review, 1985, 10: 76-88.

[183] Greenhaus J H, Collins K M, Singh R, et al. Work and family influences on departure from public accounting [J]. Journal of Vocational Behavior, 1997, 50: 249-270.

[184] Greenhaus J H, Parasuraman S, Wormley W M. Effects of race on organizational experiences, job performance evaluations, and career outcomes [J]. Academy of Management Journal, 1990, 33: 64-86.

[185] Greenhaus J H, Powell G N. When work and family allies: A theory of work-family enrichment [J]. Academy of Management Review, 2006, 31:

72-91.

[186] Gross J J. The emerging field of emotion regulation: An integrative review [J]. Review of General Psychology, 1998, 2: 271-299.

[187] Gross J J. Emotion regulation: Affective, cognitive, and social consequences [J]. Psychophysiology, 2002, 39: 281-291.

[188] Gross J J, John O P. Individual differences in two emotion regulation processes: Implications for affect, relationships, and well-being [J]. Journal of Personality and Social Psychology, 2003, 85: 348-362.

[189] Gross J J, Levenson R W. Emotional suppression: Physiology, self-report, and expressive behavior [J]. Journal of Personality and Social Psychology, 1993, 64: 970-986.

[190] Grzywacz J G, Bass B L. Work, family, and mental health: Testing different models of work-family fit [J]. Journal of Marriage & Family, 2003, 65: 248-261.

[191] Grzywacz J G, Marks N F. Reconceptualizing the work-family interface: An ecological perspective on the correlates of positive and negative spillover between work and family [J]. Journal of Occupational Health Psychology, 2000, 5: 111-131.

[192] Gurt J, Schwennen C, Elke G. Health-specific leadership: Is there an association between leader consideration for the health of employees and their strain and well-being? [J]. Work & Stress: An International Journal of Work, Health & Organisations, 2011, 25: 108-127.

[193] Hair J F, Anderson R E, Tatham R L, et al.. Multivariate data analysis [M]. London: Prentice Hall, 1998.

[194] Hakanen J, Van Dierendonck D. Servant leadership and life satisfac-

tion: The mediating role of justice, job control, and burnout [J]. International Journal of Servant-Leadership, 2013, 7: 251-262.

[195] Hammer L B, Bauer T N, Grandey A A. Work-family conflict and work-related withdrawal behaviors [J]. Journal of Business and Psychology, 2003, 3: 419-436.

[196] Hammond M, Cleveland J N, Neill J W O, et al.. Mediators of transformational leadership and the work-family relationship [J]. Journal of Managerial Psychology, 2015, 30: 454-469.

[197] Hassard J, Teoh K R H, Visockaite G, et al.. The cost of work-related stress to society: A systematic review [J]. Journal of Occupational Health Psychology, 2018, 23: 1-17.

[198] Hobfoll, Stevan E. Social and psychological resources and adaptation [J]. Review of General Psychology, 2002, 6: 307-324.

[199] Houben M, Van Den Noortgate W, Kuppens P. The relation between short-term emotion dynamics and psychological well-being: A meta-analysis [J]. Psychological Bulletin, 2015, 141: 901-930.

[200] Hackman J R, Oldham G R. Work redesign. Reading [M]. MA: FT Press, 1980.

[201] Hirschman A O. Exit, voice, and loyalty [M]. Cambridge, MA: Harvard University Press, 1970.

[202] Hobfoll S E. Conservation of resources: A new attempt at conceptualizing stress. American Psychologist, 1989, 44 (3), 513-524.

[203] Ivey A E, Robin S S. Role theory, role conflict, and counseling: A conceptual framework [J]. Journal of Counseling Psychology, 1966, 13: 29-37.

[204] Jackson S E, Maslach C. After-effects of job-related stress: Families

as victims [J]. Journal of Occupational Behavior, 1982, 3: 63-77.

[205] Johnson J V, Hall E M. Job strain, work place social support, and cardiovascular disease: A cross-sectional study of a random sample of the Swedish working population [J]. American Journal of Public Health, 1988, 78: 1336-1342.

[206] Johnson J V, Steward W, Hall E M, et al.. Long-term psychosocial work environment and cardiovascular mortality among Swedish men [J]. American Journal of Public Health, 1996, 86: 324-331.

[207] Jönsson S, Denti L, Chen K, et al.. Social climate as a mediator between leadership behavior and employee well-being in a cross-cultural perspective [J]. Journal of Management Development, 2013, 32: 1040-1055.

[208] Kafetsios K, Nezlek J B, Vassilakou T. Relationships between leaders' and subordinates' emotion regulation and satisfaction and affect at work [J]. The Journal of Social Psychology, 2012, 152: 436-457.

[209] Kaplan H B. Self-attitudes and deviant behavior [M]. Oxford, England: Goodyear, 1975.

[210] Karasek R A. Job demands, job decision latitude, and mental strain: Implications for job redesign [J]. Administrative Science Quarterly, 1979, 24: 285-308.

[211] Keltner D, Gruenfeld D H, Anderson C. Power, approach, and inhibition [J]. Psychological Review, 2003, 110: 265-284.

[212] Kiazad K, Restubog S L D, Zagenczyk T J, et al.. In pursuit of power: The role of authoritarian leadership in the relationship between supervisors' machiavellianism and subordinates' perceptions of abusive supervisory behavior [J]. Journal of Research in Personality, 2010, 44: 512-519.

[213] Kirchmeyer C. Perceptions of nonwork-to-work spillover: Challenging the common view of conflict-ridden domain relationships [J]. Basic & Applied So-

cial Psychology, 1992, 13: 231-249.

［214］ Kivimaki M, Vahtera J, Koskenvuo M, et al. How hostile individuals respond to stressful changes in work life: Testing a psychosocial vulnerability model ［J］. Psychological Medicine, 1998, 28: 903-913.

［215］ Klein A, Moosbrugger H. Maximum likelihood estimation of latent interaction effects with the LMS method ［J］. Psychometrika, 2000, 65: 457-474.

［216］ Kossek E E, Ozeki C. Work-family conflict, policies, and the job-life satisfaction relationship: A review and directions for organizational behavior-human resources research ［J］. Journal of Applied Psychology, 1998, 83: 139-149.

［217］ Luchman J N, González-Morales M G. Demands, control, and support: A meta-analytic review of work characteristics interrelationships ［J］. Journal of Occupational Health Psychology, 2013, 18 (1), 37-52.

［218］ Lambert S. Processing linking work and family: A critical review and research agenda ［J］. Human Relations, 1990, 43: 239-257.

［219］ Levenson R W, Gottman J M. Physiological and affective predictors of change in relationship satisfaction ［J］. Journal of Personality & Social Psychology, 1985, 49: 85-94.

［220］ Liden R C, Wayne S J, Hao Z, et al.. Servant leadership: Development of a multidimensional measure and multi-level assessment ［J］. Leadership Quarterly, 2008, 19: 161-177.

［221］ Locke E A. What is job satisfaction? ［J］. Organizational Behavior & Human Performance, 1969, 4: 309-336.

［222］ Lyness K S, Thompson D E. Above the glass ceiling? A comparison of matched samples of female and male executives ［J］. Journal of Applied Psychology, 1997, 82: 359-375.

［223］ Mayer J D, Salovey P. What is emotional intelligence? Emotional development and emotional intelligence ［M］. New York: Educational Implications, 1997.

［224］ Matta F K, Erol-Korkmaz H T, Johnson R E, et al. Significant work events and counterproductive work behavior: The role of fairness, emotions, and emotion regulation ［J］. Journal of Organizational Behavior, 2014, 35: 920-944.

［225］ Matsui T, Ohsawa T, Onglatco M L. Work-family conflict and the stress-buffering effects of husband support and coping behavior among Japanese married working women ［J］. Journal of Vocational Behavior, 1995, 47: 178-192.

［226］ Matthews R A, Bulger C A, Barnesfarrell J L. Work social supports, role stressors, and work-family conflict: The moderating effect of age ［J］. Journal of Vocational Behavior, 2010, 76: 78-90.

［227］ Mesmer-Magnus J R, Viswesvaran C. Convergence between measures of work-to-family and family-to-work conflict: A meta-analytic examination ［J］. Journal of Vocational Behavior, 2005, 67: 215-232.

［228］ Michel J S, Kotrba L M, Mitchelson J K, et al. Antecedents of work-family conflict: A meta-analytic review ［J］. Journal of Organizational Behavior, 2011, 32: 689-725.

［229］ Minnotte K L, Minnotte M C, Pedersen D E. Marital satisfaction among dual-earner couples: Gender ideologies and family-to-work conflict ［J］. Family Relations, 2013, 62: 686-698.

［230］ Mo S, Shi J. Linking ethical leadership to employee burnout, workplace deviance and performance: Testing the mediating roles of trust in leader and surface acting ［J］. Journal of Business Ethics, 2017, 144: 1-11.

［231］ Moore S A, Zoellner L A, Mollenholt N. Are expressive suppression and cognitive reappraisal associated with stress-related symptoms? ［J］. Behaviour

Research and Therapy, 2008, 46: 993-1000.

[232] Moosbrugger H, Zapf D, Ma Y, et al. Advanced nonlinear latent variable modeling: Distribution analytic LMS and QML estimators of interaction and quadratic effects [J]. Structural Equation Modeling - A Multidisciplinary Journal, 2011, 18: 465-491.

[233] Morrison E W. Doing the job well: An investigation of pro-social rule breaking [J]. Journal of Management, 2006, 32: 5-28.

[234] Mowday R T, Steers R M, Porter L W. The measurement of organizational commitment [J]. Journal of Vocational Behavior, 1979, 14: 224-247.

[235] Netemeyer R G, Boles J S, McMurrian R. Development and validation of work-family conflict and family work conflict scales [J]. Journal of Applied Psychology, 1996, 81: 400-410.

[236] Niu C P, Wang A C, Cheng B S. Effectiveness of a moral and benevolent leader: Probing the interactions of the dimensions of paternalistic leadership [J]. Asian Journal of Social Psychology, 2010, 12: 32-39.

[237] Organ D W. Organizational citizenship behavior: It's construct clean-up time [J]. Human Performance, 1997, 10: 85-97.

[238] Parker S K, Axtell C M. Seeing another viewpoint: Antecedents and outcomes of employee perspective taking [J]. Academy of Management Journal, 2001, 44: 1085-1100.

[239] Parry K W, Proctor S B. Perceived integrity of transformational leaders in organisational settings. Journal of Business, 2002, 35: 75-96.

[240] Pellegrini E K, Scandura T A. Leader-member exchange (LMX), paternalism, and delegation in the Turkish business culture: An empirical investigation [J]. Journal of International Business Studies, 2006, 37: 264-279.

［241］ Pellegrini E, Scandura T. Paternalistic leadership: A review and agenda for future research ［J］. Journal of Management, 2008, 34: 566-593.

［242］ Pellegrini E K, Scandura T A, Jayaraman V. Cross-cultural generalizability of paternalistic leadership: An expansion of leader-member exchange theory ［J］. Group & Organization Management, 2010, 35: 391-420.

［243］ Perry S, Witt L, Penney L, et al. The downside of goal-focused leadership: The role of personality in subordinate exhaustion ［J］. Journal of Applied Psychology, 2010, 95: 1145-1153.

［244］ Pescud M, Teal R, Shilton T, et al. Employers' views on the promotion of workplace health and wellbeing: A qualitative study ［J］. BMC Public Health, 2015, 15: 1-10.

［245］ Piccolo R F, Colquitt J A. Transformational leadership and job behaviors: The mediating role of core job characteristics ［J］. Academy of Management Journal, 2006, 49: 327-340.

［246］ Podsakoff P M, Mackenzie S B, Lee J, et al. Common method biases in behavioral research: A critical review of the literature and recommended remedies ［J］. Journal of Applied Psychology, 2003, 88: 879-903.

［247］ Rhoades L, Eisenberger R. Perceived organizational support: A review of the literature ［J］. Journal of Applied Psychology, 2002, 87: 698-714.

［248］ Pinder C C. Work motivation in organizational behavior ［M］. NJ: Prentice-Hall, 1998.

［249］ Richardson K M. Managing employee stress and wellness in the new millennium ［J］. Journal of Occupational Health Psychology, 2017, 22: 423-428.

［250］ Roger D, Nesshoever W. The construction and preliminary validation of a scale for measuring emotional control ［J］. Personality and Individual Differences,

1987, 8: 527-534.

[251] Roger D, Najarian B. The construction and validation of a new scale for measuring emotional control [J]. Personality and Individual Differences, 1989, 10: 845-853.

[252] Rokeach M. The nature of human values [J]. American Journal of Sociology, 1973, 89: 339-401.

[253] Ruderman M N, Ohlott P J, Panzer K, et al. Benefits of multiple roles for managerial women [J]. Academy of Management Journal, 2002, 45: 369-386.

[254] Stiglbauer B. Under what conditions does job control moderate the relationship between time pressure and employee well-being? Investigating the role of match and personal control beliefs. Journal of Organizational Behavior, 2017, 38 (5), 730-748.

[255] Salancik G R, Pfeffer J. A social information processing approach to job attitudes and task design [J]. Administrative Science Quarterly, 1978, 23: 224-253.

[256] Schieman S, Glavin P. Education and work-family conflict: Explanations, contingencies and mental health consequences [J]. Social Forces, 2011, 89: 1341-1362.

[257] Schriesheim C A, Castro S L, Cogliser C C. Leader-member exchange (LMX) research: A comprehensive review of theory, measurement, and data-analytic practices [J]. Leadership Quarterly, 1999, 10: 63-74.

[258] Sieber S D. Toward a theory of role accumulation [J]. American Sociological Review, 1974, 39: 567-578.

[259] Skakon J, Nielsen K, Borg V, et al. Are leaders' well-being, behaviours and style associated with the affective well-being of their employees? A sys-

tematic review of three decades of research [J]. Work & Stress, 2010, 24: 107-139.

[260] Sorensen G, Mclellan D L, Sabbath E L, et al. Integrating worksite health protection and health promotion: A conceptual model for intervention and research [J]. Preventive Medicine, 2016, 91: 188-196.

[261] Sosik J J, Godshalk V M. Leadership styles, mentoring functions received, and job - related stress: A conceptual model and preliminary study [J]. Journal of Organizational Behavior, 2000, 21: 365-390.

[262] Soylu S. Creating a family or loyalty-based framework: The effects of paternalistic leadership on workplace bullying [J]. Journal of Business Ethics, 2011, 99: 217-231.

[263] Sparks K, Faragher B, Cooper C L. Well - being and occupational health in the 21st century workplace [J]. Journal of Occupational and Organizational Psychology, 2011, 74: 489-509.

[264] Spector P E. Perceived control by employees: A meta-analysis of studies concerning autonomy and participation at work [J]. Human Relations, 1986, 39: 1005-1016.

[265] Spector P E, O'Connell B J. The contribution of personality traits, negative affectivity, locus of control and type to the subsequent reports of job stressors and job strains [J]. Journal of Occupational & Organizational Psychology, 1994, 67: 1-12.

[266] Spell C S, Arnold T. An appraisal perspective of justice, structure, and job control as antecedents of psychological distress [J]. Journal of Organizational Behavior, 2007, 28: 729-751.

[267] Spence J T, Robbins A S. Workaholism: definition, measurement, and

preliminary results [J]. Journal of Personality Assessment, 1992, 58: 160-178.

[268] Staines G L. Spillover Versus Compensation: A Review of the Literature on the Relationship Between Work and Nonwork [J]. Human Relations, 1980, 33: 111-129.

[269] Stegmann S, van Dick R, Ullrich J, Charalambous J, et al. Der Work Design Questionnaire - Vorstellung und erste Validierung einer deutschen Version [The Work Design Questionnaire-Introduction and validation of a German version] [J]. Zeitschrift für Arbeits-und Organisationspsychologie, 2010, 54: 1-128.

[270] Stéphane C, Laura M. Morgan. A longitudinal analysis of the association between emotion regulation, job satisfaction, and intentions to quit [J]. Journal of Organizational Behavior, 2002, 23: 947-962.

[271] Spreitzer G, Sutcliffe K, Dutton J, et al. A Socially Embedded Model of Thriving at Work [J]. Organization Science, 2005, 16: 537-549.

[272] Tang G, Kwan H K, Zhang D, et al.. Work-family effects of servant leadership: The roles of emotional exhaustion and personal learning [J]. Journal of Business Ethics, 2016, 137 (2): 285-297.

[273] Tangirala S, Ramanujam R. Exploring nonlinearity in employee voice: The effects of personal control and organizational indentification [J]. Academy of Management Journal, 2008, 51: 1189-1203.

[274] Tepper B J. Consequences of abusive supervision [J]. Academy of Management Journal, 2000, 43: 178-190.

[275] Tepper B J. Abusive supervision in work organizations: Review, synthesis, and research agenda [J]. Journal of Management, 2007, 33: 261-289.

[276] Thompson C A, Beauvais L L, Lyness K S. When work-family benefits are not enough: The influence of work-family culture on benefit utilization, organi-

zational attachment, and work-family conflict [J]. Journal of Vocational Behavior, 1999, 54: 392-415.

[277] Tierney P, Farmer S M. Creative self-efficacy: Its potential antecedents and relationship to creative performance [J]. Academy of Management Journal, 2002, 45: 1137-1148.

[278] Umphress E, Bingham J, Mitchell M. Unethical Behavior in the name of the Company: The moderating effect of organizational identification and positive reciprocity beliefs on unethical pro-organizational behavior [J]. Journal of Applied Psychology, 2010, 95: 769-780.

[279] Van Yperen N W. Hagedoorn M. Do high job demands increase intrinsic motivation or fatigue or both? The role of job control and job social support [J]. Academy of Management Journal, 2003, 46 (3), 339-348.

[280] Vrieze S I. Model selection and psychological theory: A discussion of the differences between the Akaike information criterion (AIC) and the Bayesian information criterion (BIC) [J]. Psychological Methods, 2012, 17: 228-243.

[281] Wall T D, Jackson P R, Mullarkey S, et al. The demands—control model of job strain: A more specific test [J]. Journal of Occupational and Organizational Psychology, 1996, 69: 153-166.

[282] Wang A, Cheng B. When does benevolent leadership lead to creativity? The moderating role of creative role identity and job autonomy [J]. Journal of Organizational Behavior, 2010, 31: 106-121.

[283] Wang A C, Chiang T J, Tsai C Y, et al. Gender makes the difference: The moderating role of leader gender on the relationship between leadership styles and subordinate performance [J]. Organizational Behavior & Human Decision Processes, 2013, 122: 101-113.

[284] Wang L, Shi Z, Li H. Neuroticism, extraversion, emotion regulation, negative affect and positive affect: The mediating roles of reappraisal and suppression [J]. Social Behavior and Personality: An International Journal, 2009, 37: 193-194.

[285] Wastia S A, Tanb H H, Nderd. Cross-cultural measurement of supervisor trustworthiness: An assessment of measurement invariance across three cultures [J]. Leadership Quarterly, 2007, 18: 477-489.

[286] Wayne J H, Musisca N, Fleeson W. Considering the role of personality in the work-family experience: Relationships of the big five to work-family conflict and facilitation [J]. Journal of Vocational Behavior, 2004, 64: 108-130.

[287] Westman M. Stress and strain crossover [J]. Human Relations, 2001, 54: 717-751.

[288] Westwood R. Harmony and patriarchy: The cultural basis for paternalistic headship among the overseas Chinese [J]. Organization Studies, 1997, 18: 445-480.

[289] Woolley L, Caza A, Levy L. Authentic leadership and follower development: Psychological capital, positive work climate, and gender [J]. Journal of Leadership & Organizational Studies, 2011, 18: 438-448.

[290] Wu L, Kwan H, Liu J, et al. Work-to-family spillover effects of abusive supervision [J]. Journal of Managerial Psychology, 2012, 27: 714-731.

[291] Wu M. Moral leadership and work performance: Testing the mediating and interaction effects in China [J]. Chinese Management Studies, 2012, 6: 284-299.

[292] Wu M, Huang X, Chan S C H. The influencing mechanisms of paternalistic leadership in mainland china [J]. Asia Pacific Business Review, 2012, 18: 1-18.

［293］Wu M, Huang X, Li C, et al. Perceived interactional justice and trust-in-supervisor as mediators for paternalistic leadership ［J］. Management & Organization Review, 2012, 8: 97-121.

［294］Wu T Y, Hu C, Jiang D Y. Is subordinate's loyalty a precondition of supervisor's benevolent leadership? The moderating effects of supervisor's altruistic personality and perceived organizational support ［J］. Asian Journal of Social Psychology, 2012, 15: 145-155.

［295］Zalesny M D, Ford J K. Extending the social information processing perspective: New links to attitudes, behaviors, and perceptions ［J］. Organizational Behavior and Decision Processes, 1990, 47: 205-246.

［296］Zhang A Y, Tsui A S, Wang D X. Leadership behaviors and group creativity in Chinese organizations: The role of group processes ［J］. Leadership Quarterly, 2011, 22: 851-862.

［297］Zhang Y, Huai M, Xie Y. Paternalistic leadership and employee voice in China: A dual process model ［J］. The Leadership Quarterly, 2015, 26: 25-36.

［298］Zheng C, Powell G N. No pain, no gain? A resource-based model of work-to-family enrichment and conflict ［J］. Journal of Vocational Behavior, 2012, 81: 89-98.